受贵州财经大学学术专著资助专项基金资助

员工组织行为的影响因素研究：
基于个体和团队的实证分析

Yuangong Zuzhi Xingwei de Yingxiang Yinsu Yanjiu:

Jiyu Geti he Tuandui de Shizheng Fenxi

陆露　著

西南财经大学出版社

中国·成都

图书在版编目(CIP)数据

员工组织行为的影响因素研究:基于个体和团队的实证分析/陆露著. 一成都:西南财经大学出版社,2021.9
ISBN 978-7-5504-5081-3

Ⅰ.①员… Ⅱ.①陆… Ⅲ.①企业管理—人力资源管理—组织行为—影响因素—研究 Ⅳ.①F272.92

中国版本图书馆 CIP 数据核字(2021)第 192345 号

员工组织行为的影响因素研究:基于个体和团队的实证分析
陆露 著

责任编辑:刘佳庆
封面设计:张姗姗
责任印制:朱曼丽

出版发行	西南财经大学出版社(四川省成都市光华村街55号)
网 址	http://cbs.swufe.edu.cn
电子邮件	bookcj@swufe.edu.cn
邮政编码	610074
电 话	028-87353785
照 排	四川胜翔数码印务设计有限公司
印 刷	郫县犀浦印刷厂
成品尺寸	170mm×240mm
印 张	10.75
字 数	224千字
版 次	2021年9月第1版
印 次	2021年9月第1次印刷
书 号	ISBN 978-7-5504-5081-3
定 价	68.00元

前　言

　　员工组织行为是组织中员工个体实施的行为，既包括积极的组织行为，如组织公民行为、建言行为、创新行为等，也包括消极的组织行为，如不道德行为、反生产行为、越轨行为等。不论是积极的还是消极的员工行为均会对组织整体绩效产生重要的影响，因此，探寻员工组织行为的影响因素一直是组织管理理论界与实务界普遍关注的焦点。

　　近年来，随着社会的加速转型和急剧变革，新旧价值观不断发生碰撞和冲突，企业内部的员工们也在日常工作中面临更多的道德困境和伦理抉择。员工不道德行为是指违反了广为接受的社会道德规范的行为，包括偷窃行为、蓄意破坏行为以及反生产行为等（如 Greenberg，2002；Robinson & Bennett，1995；Spector & Fox，2002）。学者们也开展了大量的研究来解释为什么员工会从事不道德行为，如为了一己私利（Terpstra et al.，1993），为了报复或伤害组织（Skarlicki & Folger，1997），又或是为了伤害其他员工（Thau et al.，2007）。以往研究中涉及的员工不道德行为对组织和员工都具有明显危害性，容易被发现并得到遏制，但员工也可能为了维护组织或组织成员的利益而做出不道德行为，如故意向客户隐瞒产品缺陷、歪曲事实以维护企业形象等。针对这一现象，Umphress 及其同事在 2010 年提出了不道德亲组织行为的概念，并将其定义为员工为了维护组织利益而做出的违反社会道德规范的行为。不道德亲组织行为这一概念的提出，突破了以往不道德行为研究中以利己、报复等动机为前提的假设，为员工不道德行为研究开辟了新的研究领域。

　　员工不道德亲组织行为在短期内可能对组织有利，甚至可能在市场竞争加剧的背景下得到企业管理者的默许和放任，但由于其损害了客户、公众等其他利益相关者的利益，长远来看终将对企业形象和发展造成损害。因此，探讨员工不道德亲组织行为的影响因素并分析如何控制和减少员工不道德亲组织行为成为学者们和企业管理者们面临的共同挑战，这也是笔者通过本书的写作尝试回答和解决的问题。

本书由贵州财经大学学术专著资助专项基金资助出版，在此表示由衷的感谢。本书在编辑、出版的过程中，得到了西南财经大学出版社的大力支持和编辑刘佳庆的鼓励及协调，在此一并表示衷心的感谢。

陆露

2021 年 7 月

目　录

第 1 章　绪论

1.1　研究背景

1.1.1　实践背景

近年来，随着经济的不断发展，人们不仅感受到物质生活水平的不断提升，同时也见证了各类商业丑闻事件。从 2001 年年底安然公司的假账问题及其审计公司安信达的倒闭，到 2002 年世通公司的财务丑闻事件，这类商业丑闻不仅震撼了美国还影响了全球。无独有偶，曾屡次创造利润神话，一度被称为"中国第一蓝筹股"的 ST 银广夏，也因为伪造经营业绩、虚报财务报表而受到中国证监会的处罚。对于老百姓来说，财务造假、企业破产或许只是"遥远的传说"，但是在与人们日常生活息息相关的行业，产品质量造假事件也屡见不鲜，甚至更为惊心。例如，大众汽车曾在 2015 年深陷"尾气门"事件。在此之前，大众公司曾多次将"尾气排放量低、符合政府排放标准、节能环保"作为其宣传口号，与此相反的却是大众公司为了使超排车辆顺利过检，采用障眼法骗过了检查部门，在尾气排放中作弊。此外，日本丰田公司也曾多次深陷"召回门"，并且大大触动全球消费者的神经，丰田汽车质量的神话遭到质疑。食品行业仿佛更是"重灾区"，从 2008 年三鹿奶粉的"三聚氰胺"事件，到麦当劳、海底捞的食品卫生问题，无一不展现出商业社会中不道德行为的普遍性。各种"门"事件的曝光，不仅会给企业带来经济和名誉上的损失，致使企业走入破产境地，严重的甚至会对整个行业带来近乎毁灭性的打击。如今三鹿奶粉事件已经过去十余年，但国产奶粉业仍没能找回国人的信任。可见，企业不道德作为还会给国家和人民的财产和安全造成巨大伤害。

事实上，随着社会的加速转型和急剧变革，新旧价值观不断发生碰撞和冲突，企业内部的员工们也在日常工作中不断面临道德困境和伦理抉择。2009

年，联合利华（中国）采购部的一位采购经理因涉嫌走私在上海被起诉，据调查显示，联合利华采购部及该公司代理进口商在一项日化原料的进口过程中，故意使用其他品名，以达到少交税的目的，累积欠缴税款 317 万元。该采购经理称，此举是迫于联合利华公司方面降低采购成本的考核压力，并获得了采购部主管的许可和配合。该事件的曝光使得联合利华深陷"走私门"，尽管无法证实，但质疑的声音从未停止，两名员工走私长达 6 年，联合利华方真的毫不知情吗？可见，员工自发的不道德行为不仅违反了社会道德标准，损害了消费者和组织的利益，还会对企业声誉造成极大影响。

随着市场竞争越发激烈，部分企业管理者为了企业利益，为了所谓的"大局"着想，往往会对员工的不道德行为"睁一只眼、闭一只眼"，以期维持企业的高速发展。而内部的部分员工，由于受传统文化的影响，在面临领导或同事的不道德行为时，也会因为"怕得罪人"而不进行举报揭发或打击惩罚。这些进一步导致了企业内员工不道德行为的泛滥甚至蔓延。特别是最近，相关研究发现企业员工可能出于维护企业利益的目的而做出不道德行为，例如为了维护企业声誉而故意隐瞒产品负面信息，这类行为被称为不道德亲组织行为（Umphress et al.，2010）。虽然企业员工从事不道德亲组织行为的意图在于维护或促进企业利益，但由于其违背了社会道德标准，伤害了企业外其他群体的利益，长远来看，将不利于企业发展，对企业声誉造成损害。相比于传统的员工不道德行为（如偷窃、生产破坏等），不道德亲组织行为由于其亲组织特性而变得更为隐蔽，更不容易被发现和制止，甚至可能得到企业管理者和领导者的默许和纵容。因此，开展不道德亲组织行为相关研究，探索和分析员工实施不道德亲组织行为的原因，从而帮助企业管理者制定相应的管理措施，及时预防和制止不道德亲组织行为的发生是当前组织管理者和领导者们亟待解决的现实问题。

此外，由于社会外部环境的改变和组织内部结构的变革，组织越来越多地开始采用工作团队作为实现组织目标的主要形式（Kozlowski & Bell，2003）。工作团队不仅是组织内的基本工作单元，也承担着完成工作目标、提升组织绩效、实现组织产品和服务创新的重要责任。相比于其他组织成员，团队内部领导与成员之间以及成员与成员之间的交往和互动更为频繁，相应地也更容易受到彼此的影响。员工不道德行为，特别是不道德亲组织行为，更多的时候是以一种非公开的、隐蔽的方式来实施的，但由于团队成员需要经常在一起合作完成工作，往往往更容易观察到其他成员的行为并受到影响。因此，在团队情境中，更容易发生员工不道德行为的相互传染和扩散。当组织中存在不道德亲组织行为时，不道德亲组织行为会在组织成员间不断传递与扩散，最终导致组织诚信危机（Palmer，2008）。因此，基于团队情境来考察团队成员的不道德亲组织行为是如何受到影响并发生的，对于解决企业内不道德行为的蔓延和扩散有着重要意义。

由于企业不道德亲组织行为的普遍性和危害性，同时考虑到多数企业不道德行为都是从内部开始生根发芽、逐渐蔓延发展的，特别是针对不道德亲组织行为的隐蔽性和潜在危害性，本研究认为剖析企业内员工不道德亲组织行为的发生原因对理解和解决中国企业伦理困境有着现实意义，有助于管理者从根源处着手对其进行遏制，有助于管理者制定出更具针对性的管理举措来减少或预防员工不道德亲组织行为的发生，最终实现企业组织的可持续性健康发展。

1.1.2 理论背景

由于不道德行为的普遍性和危害性，在学术界，学者们也围绕"商业伦理""企业社会责任""不道德行为"等议题开展了广泛的研究。其中，组织行为学领域的学者们针对组织内员工不道德行为展开了较为深入的研究，相关研究成果日益涌现。根据学者们的定义，员工不道德行为是指违反了广为接受的社会道德规范的行为，包括偷窃行为、蓄意破坏行为以及反生产行为等（Greenberg，2002；Robinson & Bennett，1995；Spector & Fox，2002）。学者们也开展了大量的研究来解释为什么员工会从事不道德行为，如为了一己私利（Terpstra et al.，1993），为了报复或伤害组织（Skarlicki & Folger，1997），又或是为了伤害其他员工（Thau et al.，2007）。以往研究中涉及的员工不道德行为对组织和员工都具有明显危害性，容易被发现并得到遏制，但员工也可能为了维护组织或组织成员的利益而做出不道德行为，如故意向客户隐瞒产品缺陷、歪曲事实以维护企业形象等。针对这一现象，Umphress 及其同事在 2010 年提出了不道德亲组织行为的概念，并将其定义为员工为了维护组织利益而做出的违反了社会道德规范的行为。不道德亲组织行为这一概念的提出，突破了以往不道德行为研究中以利己、报复等动机为前提的假设，为员工不道德行为研究开辟了新的研究领域。

最近，国内外学者们围绕"员工为什么会实施不道德亲组织行为"这一研究问题从不同的视角开展了探索性研究。例如，已有研究发现，员工的个人特质如马基雅维利主义与从事不道德亲组织行为的意愿正相关（Castille et al.，2016）；组织认同、组织承诺等积极的工作态度也会促进员工的不道德亲组织行为（Chen et al.，2016；Umphress et al.，2010；吴明证 等，2016）；还有学者探讨了不同的领导方式对员工不道德亲组织行为的影响，如道德型领导、家长式领导、变革型领导、差序式领导等（Effelsberg et al.，2014；Graham et al.，2015；Miao et al.，2013；林英晖 & 程垦，2017；刘晚姣，2017；张永军 等，2017）；在组织因素方面，学者们也发现了高绩效要求、企业伪善、人力资源管理实践对不道德亲组织行为的正向影响作用（陈默 & 梁建，2017；罗帆 & 徐瑞华，2017；赵红丹 & 周君，2017）。

尽管学者们从不同的角度开展了许多有益的研究，然而不道德亲组织行为作为一个新的有待发展的研究领域，还存在着较大的探索空间。首先，需要对现有研究进行整合，凸显不道德亲组织行为的不道德性和亲组织性双重特性。根据其定义，不道德亲组织行为是指员工为了维护组织利益而实施的违反了社会道德规范的行为，同时具有亲组织性和不道德性（Umphress et al.，2010），因此是一种介于生产性和反生产性行为之间的行为。从现有研究成果来看，学者们大多基于 Umphress 和 Bingham（2011）提出的不道德亲组织行为理论模型，即从社会交换理论和社会认同理论的视角来分析员工为什么会从事不道德亲组织行为。例如，Umphress 和 Bingham（2011）认为，从社会交换的角度来看，员工们从事不道德亲组织行为是作为对组织进行"回报"的表现，因此能让员工产生回报义务感的因素都可能对不道德亲组织行为产生影响。与这一逻辑相一致，学者们发现积极回报信念（Umphress et al.，2010）、高质量领导-成员交换关系（林英晖 & 程垦，2016）都与不道德亲组织行为正相关。从社会认同的角度来看，由于对组织产生了强烈认同感，员工会将组织的成功与失败内化为自己个人的成功和失败，并将组织看成自我的延伸，相应地也更有可能将组织集体的利益置于其他人（如消费者）的利益之上，从而可能做出对组织有益但对他人有害的行为（Mael & Ashforth，1992）。相关实证研究结果也表明，组织认同会促进员工不道德亲组织行为（Chen et al.，2016；Umphress et al.，2010）。通过进一步地分析，我们发现，不论是社会交换的视角还是社会认同的视角，都过于强调不道德亲组织行为的亲组织特性而相对弱化了其不道德性。最近，Castille 等（2016）的研究发现员工的马基雅维利主义特质与从事不道德亲组织行为的意愿正相关，这表明组织内可能本身就存在着某些"坏苹果"（bad apple）（Kish-Gephart et al.，2010），他们相比于其他员工而言更容易参与到不道德行为当中。也就是说，不道德亲组织行为本身作为一种不道德行为，还会受到某些个体特质因素的影响。然而，现有研究中对可能影响员工不道德亲组织行为的个体特质因素的探索还比较少。因此，一方面需要继续探索其他可能影响员工不道德亲组织行为的个体因素；另一方面需要将"报恩"视角、"认同"视角以及"坏苹果"视角整合起来，同时考虑不道德亲组织行为的亲组织特性和不道德特性来回答员工为什么会实施不道德亲组织行为这一问题。

其次，由于当前研究主要集中于个体层面来探讨个体内部因素（如个体态度、个体感知）对不道德亲组织行为的影响，相对地忽略了组织情境因素的作用，需要进一步对现有研究进行丰富，拓展不道德亲组织行为研究的内容和分析层次。一方面，根据社会学习理论（Bandura，1977）的观点，个体行为是后天习得的，并且主要通过对角色榜样的观察学习来实现。通过对角色榜样的行为进行观察，个体能形成在特定情况下哪一种行为是恰当的，哪一种行为是不合适的认知，并调整自己的行为来适应环境（Bandura，1986）。在工作场所中，领导行为通常是下属观察和模仿的主要对象，大量研究发现下属成员会对领导的积极行为或消极行为进行模仿和复制（Gino et al.，2009；Schaubroeck et al.，2012；Zhu et al.，2011）。同时，领导的道德/不道德行为也会对下属行为产生重要影响（Brown & Treviño，2006）。特别地，研究发现，当上级领导表现出道德型领导风格或行为时，对下属的不道德亲组织行为有一定的抑制作用（Miao et al.，2013；李根强，2016）。这表明，下属也会受到领导行为，特别是领导不道德亲组织行为的影响而"习得"不道德亲组织行为。此外，由于工作场所中的个体通常不是孤立存在的，而是嵌入组织内部各种层级结构或社会网络之中，员工个体的行为还会受到其所在组织、部门或团队的规范、氛围、文化等因素的影响。相关分析结果发现，道德氛围、道德文化对员工不道德行为均有显著的影响作用（Kish-Gephart et al.，2010）。这表明，组织本身可能是个"坏木桶"（bad barrel），组织内普遍存在着不符合道德规范的行为，也没有制定或形成可以对员工不道德行为进行约束或惩罚的规定或文化氛围，员工生活在组织中，耳濡目染地逐渐适应并学习了这种不道德的行为方式。即，员工实施的不道德亲组织行为不仅仅是由其个体内部因素所驱动的，同时也可能是由组织情境因素（如领导行为、文化氛围）所塑造的，即员工之所以参与到不道德亲组织行为当中，除了存在个体自身的原因之外（如"报恩""坏苹果"），还有可能是通过社会学习的方式而"习得"的。因此，需要开展相关研究来考察组织情境因素，如领导行为、组织文化等，是否会对下属不道德亲组织行为产生影响。在具体的分析层次上，现有研究主要基于个体层面来分析和考察员工不道德亲组织行为的影响因素，尚未出现跨层次研究。然而，随着团队日益成为组织内普遍的、主要的工作单元，团队内成员之间的交往互动更为频繁，学者们也越发关注团队情境中员工态度和行为的变化。Umphress 和 Bingham（2011）也呼吁学者们将不道德亲组织行为研究拓展到团队或组织层面，以拓宽不道德亲组织行为的研究范围。因此，本研究将选择团队情境来考察团队领导行为、团队道德文化对团队成员不道德亲组织行为的跨层次影响作用，以丰富当前研究的分析层次。

1.2　研究意义

基于现实观察和理论分析，本研究拟分别从个体层面和团队情境来构建员工不道德亲组织行为的影响因素模型，识别出其中可能存在的中介和调节机制，以期对现有不道德亲组织行为相关研究进行一定的拓展和丰富。具体而言，本书研究的开展具有以下理论意义和实践意义。

1.2.1　理论意义

本研究的理论意义主要包括以下四个方面：

（1）加深对不道德亲组织行为概念内涵的理解

开展不道德亲组织行为相关研究，有助于加深学者们对其概念内涵的理解。不道德亲组织行为是员工为了维护组织利益而做出的违反了社会道德规范的行为（Umphress et al.，2010；Umphress & Bingham，2011），同时具有亲组织成分和不道德成分。从员工角度来看，其行为目的是为了维护组织利益、促进组织发展，是一种积极行为；但是从组织和组织外其他利益相关者群体的角度来看，其行为结果又会阻碍组织的长远发展、损害其他利益相关者的利益，是一种消极行为。因此，不道德亲组织行为是一种介于生产性行为和反生产性行为之间的行为。但现有研究主要聚焦于其亲组织成分，即侧重于从社会交换或社会认同的视角来解释员工实施不道德亲组织行为的原因，相对忽略了其不道德成分。相比以往研究，本研究将整合"报恩"视角和"坏苹果"视角，并引入"习得"视角，从更全面的视角来挖掘员工实施不道德亲组织行为背后的原因，加深我们对不道德亲组织行为这一概念的理解和认识。

（2）拓展不道德亲组织行为前因变量的研究

不道德亲组织行为作为一个新兴概念，从其提出至今尚不足 10 年，但已经引起了国内外学者的广泛关注、研究并得出了一系列有益的研究成果。目前来看，学者们的研究主要集中于对不道德亲组织行为前因变量的探索，这是因为分析不道德亲组织行为可能的前因变量有助于我们理解"员工为什么会实施不道德亲组织行为"。现有研究已经发现了马基雅维利主义、组织认同、组织承诺、道德型领导、变革型领导等可能对员工不道德亲组织行为产生影响的因素。在此基础上,本研究将在个体层面分析组织支持感和道德认同对不道德亲组织行为产生影响的过程机制和边界条件,在团队情境中考察领导不道德亲组织行为对下属不道德亲组织行为产生影响的过程机制和边界条件。本研究的开展,将在现有研究结论的基础上进一步拓展不道德亲组织行为的前因变量研究。

（3）检验和丰富不道德亲组织行为研究的理论基础

在现有不道德亲组织行为研究中,学者们主要以 Umphress 和 Bingham（2011）提出的不道德亲组织行为理论模型为基础,从社会交换理论和社会认同理论的视角来分析员工为什么会做出不道德亲组织行为。在本研究中,我们首先从社会交换的角度来考察组织支持感对员工不道德亲组织行为产生的影响和过程机制,相关研究成果可以为 Umphress 和 Bingham（2011）提出的"员工可能出于回报组织的目的来实施不道德亲组织行为"这一命题提供实证检验和证据支撑。其次,我们进一步从社会认知的视角来分析个体特质对员工不道德亲组织行为产生的影响和过程机制,是对 Umphress 和 Bingham（2011）提出的个体层面理论模型的丰富和拓展。最后,本书从社会学习的视角来考察团队情境中领导不道德亲组织行为对下属不道德亲组织行为产生的影响,从而丰富不道德亲组织行为研究的理论基础。

（4）推进不道德亲组织行为的跨层次研究

如前所述,目前学者们对员工不道德亲组织行为的研究都集中在个体层面上,尚未出现跨层次研究。然而组织系统本身是一个多层级嵌套系统,单独或孤立地从某一层面上考察员工行为都不能让我们对该行为的发生原因和可能后果形成完整和全面的认识。本研究将基于团队情境来考察团队领导不道德亲组织行为和团队道德文化对团队成员不道德亲组织行为产生的跨层次影响作用,将团队领导行为和团队特征因素两类团队层面上的变量纳入不道德亲组织行为的研究范围,突破了以往单独考察员工态度、员工个人特质等个体层面因素影响作用的局限性,从而推进了不道德亲组织行为的跨层次研究。

1.2.2 实践意义

通过对不道德亲组织行为的影响因素进行研究,探寻员工实施或从事不道德亲组织行为的个体原因或情境原因,对于企业管理者和企业管理实践也具有一定的意义,主要包括以下两点：

（1）引起企业管理者对不道德亲组织行为的重视

不道德亲组织行为是一种违反社会道德规范的行为，对社会群体具有一定的危害性，但短期内又可能对提升企业绩效表现产生一定的积极影响，因而也具有隐蔽性。企业管理者在日常工作中可能难以发现员工实施的不道德亲组织行为，甚至可能在发现之后采取默许和纵容的态度。开展不道德亲组织行为相关研究有助于引起企业管理者对该行为的关注和重视，特别是期望企业管理者能意识到该行为会对企业利益相关者的利益造成损害，长远来看是不利于企业目标实现和可持续发展的。

（2）引导企业管理者采取措施预防和制止不道德亲组织行为

由于不道德亲组织行为的隐蔽性和潜在危害性，企业管理者需要采取相应的管理对策来规范和引导员工行为，避免和制止员工为了短期利益而损害企业长远发展。因此，开展不道德亲组织相关研究，特别是对不道德亲组织行为的发生机制和边界条件进行探索和研究将有助于企业管理者理解员工为什么会做出不道德亲组织行为，找到触发员工不道德亲组织行为的根本原因，从而能够有针对性地制定出相应的管理措施和对策，对员工行为进行有效的干预和引导。

1.3　研究内容与理论模型

本研究拟分别从个体层面和团队情境两方面来开展研究，对员工不道德亲组织行为的影响因素进行探索和分析。首先，基于社会交换理论、认同理论和社会认知理论构建个体层面员工不道德亲组织行为影响因素模型。其次，基于社会学习理论、社会信息处理理论和个体-情境交互视角构建团队情境中下属不道德亲组织行为影响因素跨层次模型。包括以下两个子研究：

研究一：个体层面不道德亲组织行为的影响因素研究

研究一为个体层面研究。首先，基于社会交换理论和认同理论，探究组织支持感对员工不道德亲组织行为的影响和内部人身份感知的中介作用，即"报恩"视角。其次，基于社会认知理论，探究道德认同对员工不道德亲组织行为的影响和道德推脱的中介作用，即员工实施不道德亲组织行为的"坏苹果"视角。最后，整合"报恩"和"坏苹果"视角，提出道德推脱在内部人身份感知和不道德亲组织行为之间的中介作用，以及道德认同的调节作用。研究一理论模型如图 1-1 所示。

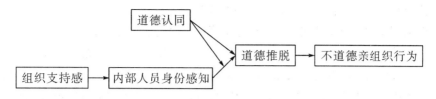

图 1-1　研究一理论模型

研究二：团队情境不道德亲组织行为的影响因素研究

研究二为团队情境中的跨层次研究。首先，从社会学习理论的视角，探究团队领导不道德亲组织行为对下属不道德亲组织行为的跨层次影响作用。其次，从社会信息处理理论和社会认知理论的视角，探究团队道德文化和下属道德推脱在领导不道德亲组织行为和下属不道德亲组织行为之间的中介作用。最后，基于个体-情境交换视角，提出下属相对主义道德意识的调节作用。研究二理论模型如图 1-2 所示。

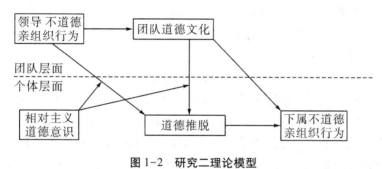

图 1-2　研究二理论模型

1.4　研究方法与技术路线

本研究将采用理论研究与实证研究相结合的方式来考察员工不道德亲组织行为的影响因素，拟采用的主要研究方法包括：

（1）文献研究

文献研究包括对某一研究主题相关的文献资料进行系统的识别和收集，对现有研究成果进行详细的梳理、归纳和总结，从而能够对该研究问题的发展脉络、研究进展和未来趋势有一定的了解和把握。作为学术研究的起点和基础，文献研究能够帮助研究者确定研究问题与内容、学习和积累现有的研究经验和分析技术，进而形成相应的研究思路和理论模型。本研究通过收集国内外相关文献资料，对不道德亲组织行为、组织支持感、内部人身份感知、道德推脱、团队道德文化、道德认同以及道德意识等变量的概念界定、维度划分、测量方式、相关理论观点和研究成果等方面进行整理、分析、归纳和总结，以全面了解和掌握所研究问题的发展脉络、研究现状以及未来可能的研究方向，并在此基础上确立了本研究的研究问题和研究目的，进而提出本书研究的理论模型和研究假设。

（2）问卷调查

本研究拟通过问卷调查的方法来取得研究数据。当前管理学和组织行为学领域定量研究中使用最广泛的数据收集方法就是问卷调查（谢家琳，2008）。通过问卷调查，研究者能够获得与研究问题相关的样本数据，进而能采用合适的数据分析技术来对数据进行分析和对研究假设进行验证。本研究遵循了问卷设计的科学原则，采用国外已有的成熟量表来编制用于测量研究变量的调查问卷，以提升研究数据和研究结论的可靠性。同时，为了尽量减少同源误差的可能影响，本研究拟采用时间间隔调查的数据收集方式，分两个时间点（中间间隔一个月）来进行问卷发放和数据收集。

（3）实证分析

通过问卷调查的方式取得相应的调查数据之后，本研究将采用一系列实证分析方法来对所提出的研究假设进行检验。具体包括，使用 SPSS 23.0 软件来对数据进行预处理，并进行问卷量表的信度效度检验、样本的描述性统计分析、研究变量的相关分析、聚合效度分析以及多元线性回归分析；使用 AMOS 22.0 软件来做验证性因子分析以确保构念的区分效度；使用 Mplus 7.4 软件来进行跨层次主效应、中介效应和调节效应检验；使用 R 软件并采用蒙特卡罗模拟（Monte Carlo Simulation）的方法经过 20 000 次可重复随机抽样来对中介效应、被调节中介效应的无偏置信区间进行估计。

本研究技术路线图如图 1-3 所示。

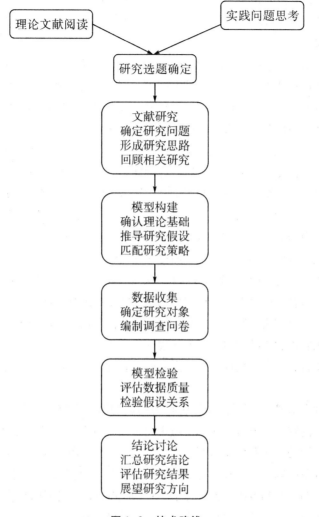

图 1-3　技术路线

1.5　本书结构与安排

本研究总共分为三个部分。第一部分是研究背景和文献综述,为本研究的研究问题提出、模型构建和假设推导奠定基础;第二部分是实证研究,主要包括两个子研究,分别从个体和团队层面来探讨不道德亲组织行为的影响因素、过程机制和边界条件,也是本研究的核心部分;第三部分为结论与讨论,主要是对本研究结果进行总结和归纳，分析本研究的创新点和理论贡献，指出本研究中存在的不足，并对未来研究进行展望。本研究共包含五个章节，各章节的主要内容安排如下：

第 1 章 绪论。本章首先对本研究开展的实践背景和理论背景进行介绍，在结合实践观察和理论分析的基础上阐述了本书研究开展的理论意义和实践意义，其次对本研究的研究内容和理论模型进行介绍，最后对本研究拟采用的研究方法、技术路线和整体架构安排进行简要说明。

第 2 章 文献综述。本章通过文献综述为本研究的理论模型提出和假设推导奠定基础。首先对不道德亲组织行为的概念、测量、理论模型和影响因素进行了文献梳理。其次对本研究中涉及的可能影响不道德亲组织行为的相关变量，包括组织支持感，内部人身份感知，道德认同，道德推脱，团队道德文化以及道德意识的概念、测量、相关研究等进行回顾和梳理。最后通过文献综述，发现现有研究的不足之处，从而更有针对性地开展本书研究。

第 3 章 个体层面不道德亲组织行为的影响因素研究。本章是本研究中研究一的研究内容，主要考察个体层面组织支持感和道德认同对员工不道德亲组织行为的影响及作用机制。本章首先以社会交换理论、认同理论、社会认知理论和道德推脱机制为基础对假设推导过程进行描述，其次根据在两个时间点收集到的 533 名员工样本数据进行数据分析和假设检验，最后对研究结果进行简单讨论。

第 4 章 团队情境不道德亲组织行为的影响因素研究。本章是本研究中研究二的研究内容，主要考察团队情境中团队领导不道德亲组织行为对下属不道德亲组织行为的影响及作用机制。本章首先以社会学习理论、社会信息处理理论、道德推脱机制和个体-情境交换视角为基础，对假设推导过程进行描述，其次根据在两个时间点收集到的来自 93 个团队的 385 名团队成员样本数据进行数据分析和假设检验，最后得出研究结论并做简单讨论。

第 5 章 研究结论与展望。本章首先对本研究的主要研究结论进行总结，并进行系统讨论，其次归纳总结了本研究的创新点和研究贡献，提出相应的企业管理对策建议，最后指出本研究的不足，并对未来研究做出展望。

本研究的内容框架及结构安排如图 1-4 所示。

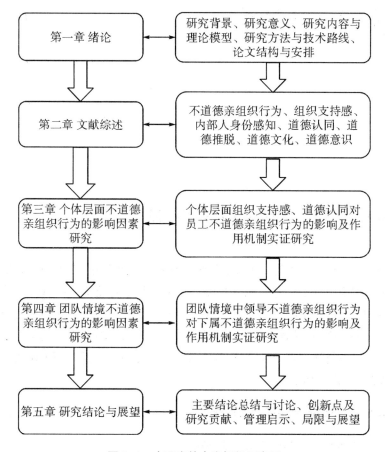

图 1-4　本研究的内容框架示意图

1.6　本章小结

本章首先介绍了本研究选题的实践背景和理论背景，以实践背景和理论背景为基础提出了本研究的理论意义和实践意义，并对研究内容和理论模型进行了简要介绍。在本章的后半部分则详细介绍了本研究拟采用的研究方法和技术路线，最后对本研究的结构安排以及各章节主要内容进行了描述。

第 2 章　文献综述

2.1　不道德亲组织行为文献综述

由于观察到员工可能出于维护组织利益的目的而实施不道德行为，如向公众隐瞒对组织不利的信息、向客户刻意夸大产品的功能等，Umphress 及其同事（2010，2011）提出了不道德亲组织行为的概念。之后学者们对此表示关注，并开展了许多开拓性的研究来帮助我们了解员工为什么会实施不道德亲组织行为。以下将从不道德亲组织行为的概念内涵、测量方式、相关研究成果几个方面进行回顾和综述。

2.1.1　不道德亲组织行为的概念

（1）不道德亲组织行为的概念内涵

2010 年，Umphress 及其同事发表在 *Journal of Applied Psychology* 上的文章中首次提出了不道德亲组织行为（unethical pro-organizational behavior，UPB）这一概念。当时，他们并没有给出其明确的概念界定，但是提出了两个主要的定义内涵（Umphress et al.，2010）：①不道德亲组织行为是不道德行为，或者说是违法的或道德上不可接受的行为（Jones，1991），包括"作为的"（如伪造数据来提升分析师的预期和估价）和"不作为的"（如刻意隐瞒医药产品的潜在副作用）；②不道德亲组织行为是一种亲组织行为，员工实施该行为是为了使组织受益或帮助组织，但是在职位描述或领导命令中都没有明确规定（Brief & Motowidlo，1986）。

2011 年，Umphress 和 Bingham 又发表了一篇理论文章来对不道德亲组织行为的概念内涵做出了进一步的明确和界定。他们将不道德亲组织行为定义为：员工旨在促进组织或其成员的有效运作而实施的违反了核心的社会价值观、道德规范、法律或行为准则的行为（2011）。这一概念界定也包括两个核心成分：一方面它是一种不道德行为，另一方面它是一种有意或故意实施的行为。此外，在判断某一行为是否属于不道德亲组织行为时，需要注意三个边界条件：

第一，不道德亲组织行为与员工由于错误、失误或粗心而做出的行为不同，是员工的一种有意为之的行为。这是由于组织内的员工也可能在无意伤害谁或使谁获益的情况下做出不道德行为。例如，员工在自己本身不知情的情况下向客户隐瞒了公司产品的严重缺陷，由于员工实施该行为的出发点或动机不是使组织或组织成员受益，因此不属于不道德亲组织行为。第二，尽管员工的行为出发点是使组织受益，但最终结果可能与初衷不同。例如，员工出于保护公司的目的销毁了对公司不利的文件，从长远来看可能会破坏公司的形象，对公司造成损害，但由于员工本身的出发点在于保护公司，故而属于不道德亲组织行为的范畴。因此，在判断某一行为是否属于不道德亲组织行为时，判断的主要依据是行为出发点或行为动机，而不是行为结果。第三，员工也可能为了自己的利益而实施不道德行为。以往的实证和理论研究都考察了员工不道德行为背后的自利动机（Grover & Hui，1994；Treviño & Youngblood，1990），但以自利为出发点的不道德行为（即使可能同时使组织受益），不属于不道德亲组织行为。

Umphress 和 Bingham（2011）提出的不道德亲组织行为的定义是目前相关研究中使用最多的，获得了大多数学者的认可。因此，本书也将采用这一定义，即不道德亲组织行为是指员工旨在促进组织或其成员的有效运作而实施的违反了核心的社会价值观、道德规范、法律或行为准则的行为。

（2）不道德亲组织行为与相似概念的区别

不道德亲组织行为具有亲组织的特征，但本质上属于不道德行为的范畴，与组织行为学领域的一些概念，如必要之恶、建设性越轨行为、亲社会违规行为等具有相似之处，但却是完全不同的构念。为了更好地理解不道德亲组织行为的概念内涵，以下将对这些概念与不道德亲组织行为进行比较和区分。

必要之恶（necessary evils）。必要之恶是指，作为员工工作任务的必要组成部分而不得不实施的、可能会对其他人的身体或情感造成伤害的行为（Molinsky & Margolis，2005）。例如，人力资源部经理需要开除表现不好的员工，医生不得不给病人采用会造成痛苦的治疗方式，老师在成绩单上留下负面评语也可能会使学生自信心受挫等。与不道德亲组织行为相类似，必要之恶的实施是为了使组织受益。但两者的主要区别在于：不道德亲组织行为是违反了道德规范、社会价值观或法律的行为，但必要之恶不完全是不道德行为；不道德亲组织行为是员工自发实施的，属于角色外行为，而必要之恶通常是工作要求的行为，属于角色内行为。

建设性越轨行为（constructive deviant behavior）。首先，不道德行为与越轨行为（deviance behavior）有所不同。从所违反的规范来看，不道德行为违反的是社会道德规范，但并不一定会违反组织规范；而越轨行为则违反的是组织规范，而非社会道德规范。由于组织规范与社会道德规范并不完全相同，因此，不是所有的越轨行为都属于不道德行为，也不是所有的不道德行为都属于越轨行为，区分的关键在于其违反的是道德规范还是组织规范。建设性越轨行为是指员工为了帮助所在组织或组织成员而实施的违反了组织规范的自发性行为（Vadera et al.，2013）。虽然不道德亲组织行为与建设性越轨行为都是个体主动的、角色外的行为，且行为目的都是为了帮助组织及其成员，但两者的主要区别在于所违反的规范不同，即不道德亲组织行为违反的是社会标准、组织规范和相关法律，而建设性越轨行为违反的是组织标准和规范。其次，不道德亲组织行为对组织外其他群体是有害的，但建设性越轨行为可能对社会有利。

亲社会违规行为（pro-social rule breaking behavior）。亲社会违规行为也属于员工自发实施的、偏差性行为，是员工为了提升组织或其他组织利益相关者的利益而做出的违背了组织规则、组织规范的行为（Morrison，2006）。亲社会违规行为与不道德亲组织行为的共同之处在于两种行为的最初目的都是为了帮助组织或组织成员，但由于不道德亲组织行为主要违反的是社会道德规范、价值观或相关法律，而亲社会违规行为主要违反了组织的政策与规定，两者有所不同。此外，亲社会违规行为的受益者包括了组织、组织成员和客户，但不道德亲组织行为的受益者仅限于组织及组织成员，对组织外其他群体可能造成伤害。

2.1.2 不道德亲组织行为的测量

Umphress 及其同事（2010）最先提出了不道德亲组织行为的概念，同时也开发了相应的测量量表。该量表可用于测量员工实施不道德亲组织行为的意愿，其最初的题项是通过对 MBA 学生进行访谈，并要求他们描述在日常工作中观察到的或实际做过的不道德但对组织有益的行为来得到的。经过三轮的数据收集和信效度检验，最终确定了包括 6 个题项的不道德亲组织行为测量量表。采用李克特 7 点测量（1 = 非常不同意，7 = 非常同意），并具有良好的信度（α = 0.89）。示例题项如，"出于公司利益考虑，我会隐瞒事实以使公司看起来更好""出于公司利益考虑,我会向顾客或客户隐瞒关于我们公司或产品的负面信息"。

国内外其他学者在研究过程中也对 Umphress 等(2010)开发的量表进行了适当的调整和改编以更好地服务于自己的研究。例如,Matherne 和 Litchfield(2012)在其研究中开发了一个 5 题项版本的量表来测量员工实施不道德亲组织行为的频率,也采用了李克特 7 点测量(1 = 从不,7 = 总是),并具有较好的信度(α = 0.80)。国内学者吴明证、沈斌和孙晓玲(2016)则考虑到 Umphress 等(2010)与 Matherne 和 Litchfield(2012)两个量表的理论依据和项目内容具有高度一致性,便对两个量表进行了合并和修订,从而形成了 11 个题项的量表,在其研究中具有较好的信度和效度。此外,国内学者夏福斌(2014)认为 Umphress 等人(2010)开发的量表忽略了员工实施的对组织成员有利的行为,因此开发了一个包括亲组织维度和利他维度的二维结构测量量表,共有 10 个题项,在其研究中也表现出了较好的信度和效度。

概括来看,目前不道德亲组织行为研究中接受度和使用范围较广的仍然是 Umphress 等人开发的 6 题项量表,该量表在不同研究中都表现出了较好的信度和效度(Effelsberg et al.,2014;Graham et al.,2015),且同样适用于中国样本研究(李根强,2016;赵红丹 & 周君,2017)。

2.1.3 不道德亲组织行为相关研究

不道德亲组织行为这一概念从其提出至今尚不足十年,现有的相关研究也还较少。事实上,通过在 Web of Science 以及中国知网上进行检索,目前能查找到的国内外研究成果仅 20 余篇。归纳来看,已有研究主要集中在不道德亲组织行为的影响因素方面。

(1)个体因素

个体特质。在现有研究中,学者们探讨了马基雅维利主义、正念特质等个体特质与不道德亲组织行为之间的关系。例如,Castille 等(2016)认为,具有马基雅维利主义特质的个体相比过程而言更看重结果,往往会为了实现个人利益而不择手段,而当其个人利益与组织利益相一致或相关联时,他们就很有可能为了实现组织利益而实施不道德行为。实证研究结果也发现,个体的马基雅维利主义特质与不道德亲组织行为的参与意愿之间存在正相关关系。Kong(2016)的研究发现,个体的正念特质(mindfulness)对不道德亲组织行为有负向影响。

组织认同。组织认同是指员工个体以所在组织的成员身份来对自我概念进行的定义，并对组织产生归属感的一种感知。Umphress 及其同事（2010）提出，对组织高度认同的员工会过于关注组织利益而忽视实现组织目标的手段，因此有可能通过实施不道德行为的方式来维护或提升所在组织的利益。其实证检验结果发现，当员工同时具有积极的回报信念和高组织认同感时，就可能参与到不道德亲组织行为当中。Chen 等人（2016）以社会认同和社会认知理论为基础，在中国和美国开展的三个研究发现，组织认同对员工不道德亲组织行为有正向影响，道德推脱在其中发挥中介作用，且组织间竞争关系发挥调节作用。即，当员工感知到组织间竞争关系更激烈时，组织认同通过道德推脱的中介作用来对员工不道德亲组织行为产生的间接影响得到加强。此外，Kong（2016）的研究也发现员工不道德亲组织行为会受到其组织认同感的积极影响。

情感承诺。Matherne 和 Litchfield（2012）对美国东南部五个城市的 137 名快餐连锁企业员工进行实证调查研究后发现，员工对组织的情感承诺会对其不道德亲组织行为产生正向影响，并且员工个体的道德认同水平负向调节这两者之间的关系。即，当员工具有较低的道德认同时，对组织有较高水平情感承诺的员工会做出更多的不道德亲组织行为。国内学者吴明证等人（2016）的研究则对 Matherne 和 Litchfield（2012）的发现进行了拓展，结果表明，内在化道德认同、象征化道德认同和组织承诺三者之间的交互作用共同对员工的不道德亲组织行为产生影响。

心理权利。Lee 等（2017）通过两个实证研究考察了员工心理权利（psychological entitlement）对不道德亲组织行为的影响作用。研究一发现，员工的心理权利对其不道德亲组织行为有显著的正向影响作用，并且这一关系受到组织认同的调节。即，当组织认同较高时，心理权利对不道德亲组织行为的积极影响作用得到加强。研究二进一步探讨了心理权利对不道德亲组织行为产生影响的过程机制，并发现员工的地位追求（status striving）和道德推脱在这一关系中的中介作用。

工作不安全感。Ghosh（2017）从资源保存理论的视角提出，员工感受到的工作不安全感会增加其不道德亲组织行为，这是由于员工为了保留其现有工作而努力做出对组织有益的行为（即使是不道德的），从而获得组织的认可。此外，Ghosh（2017）还发现，工作不安全感对不道德亲组织行为的积极影响作用会受到工作嵌入的正向调节作用，当工作嵌入程度高时，工作不安全感与不道德亲组织行为之间的正向关系更强。

（2）领导因素

道德型领导。Miao 等（2013）以政府公务员为研究样本考察了道德型领导对下属不道德亲组织行为的影响作用。研究结果表明，当领导表现出中等程度道德型领导行为时，下属最有可能参与到不道德亲组织行为当中，即道德型领导与下属不道德亲组织行为之间存在着倒"U"形非线性关系。国内学者李根强（2016）以社会认同理论和调节焦点理论为基础，以中国企业员工为样本开展的研究也发现了类似的研究结论，并进一步揭示了组织认同在该关系间发挥的中介作用，且下属的特质调节焦点发挥调节作用。Kalshoven 等人（2016）也对领导的道德型领导风格和不道德亲组织行为之间的关系及边界条件进行了探索研究。结果表明，道德型领导风格与员工不道德亲组织行为之间的关系受到工作自主性的调节作用，在高水平工作自主性下，道德型领导和不道德亲组织行为之间的关系增强，并且受到组织认同的中介作用。

变革型领导。Effelsberg 等人（2014）的研究考察了变革型领导、组织认同以及道德（不道德）行为倾向对员工不道德亲组织行为的影响作用。研究结果表明，变革型领导正向影响下属的不道德亲组织行为意愿。这是因为，变革型领导方式可以增加下属员工对上级领导和所在组织的认同感，即通过组织认同的中介作用来间接影响不道德亲组织行为。此外，他们的研究还发现了员工个体的不道德行为倾向的调节作用。Graham 等（2015）用实验设计的方法考察了领导风格、领导框架（leader framing）和下属促进调节焦点之间的交互作用对下属不道德亲组织行为的影响作用。研究结果发现，在消极沟通框架下（即领导在沟通时更强调若不这么做会给公司带来损失），变革型领导比交易型领导更容易激发下属的不道德亲组织行为。同时，下属的促进型调节焦点对这一关系发挥调节作用，即当下属的促进型调节焦点水平较低时，该关系更显著。

家长式领导。国内学者徐亚萍（2016）探索了家长式领导对不道德亲组织行为产生的影响作用及过程机制。研究发现，仁慈领导和德行领导对不道德亲组织行为的影响作用相反，仁慈领导发挥促进作用而德行领导发挥抑制作用，但威权领导与不道德亲组织行为之间的关系不显著。类似地，张永军等（2017）也考察了家长式领导风格对员工不道德亲组织行为的影响，但研究结果与徐亚萍（2016）的有所不同。其中，威权领导正向影响员工不道德亲组织行为，对于高传统性的员工来说，这一正向影响更强；德行领导则与员工不道德亲组织行为之间呈倒"U"形关系，且受到传统性的调节作用。

差序式领导。国内学者林英晖和程垦（2017）的研究发现，差序式领导对圈内人和圈外人的不道德亲组织行为都有显著的积极影响，但影响程度没有显著差异；同时，差序式领导对圈内人和圈外人不道德亲组织行为的影响受到领导组织代表性的正向调节作用，相较于圈内人而言，差序式领导与圈外人不道德亲组织行为之间关系受到领导组织代表性的调节作用更强；员工集体主义倾向也正向调节差序式领导对圈内/圈外人不道德亲组织行为的影响作用，但调节程度没有显著差异。

领导-成员交换。林英晖和程垦（2016）通过整合社会交换理论、社会认同理论和自我一致性理论来探讨了差序格局视角下领导-成员交换对员工不道德亲组织行为的影响。通过对352份中国长三角地区本土企业的员工数据进行分析发现，领导-成员交换和情感承诺都对员工不道德亲组织行为有显著的促进作用，并且组织情感承诺在领导-成员交换与不道德亲组织行为之间发挥部分中介作用，同时道德认同负向调节组织情感承诺对不道德亲组织行为的影响。

（3）组织因素

职场排斥。由于职场排斥会剥夺员工在群体中的话语权和地位，通常会对员工的心理健康、工作态度等产生严重的负面影响，还会增加员工的反生产行为和离职行为（Ferris et al., 2008）。因此，出于趋利避害的选择，当面临职场排斥时，员工会采取某些主动性行为来改变当前的局面。例如，员工可以通过增加对组织的贡献程度来维持或提高自身的地位。当员工感知到自己被其他人冷落或排斥时，有可能选择能提升组织利益的不道德行为来证明自己的价值。张桂平（2016）的研究结果也表明，职场排斥会显著地正向影响员工的不道德亲组织行为，而道德推脱在职场排斥和不道德亲组织行为之间发挥完全中介作用。

企业伪善。企业伪善（corporate hypocrisy）是指企业通过商业作秀、虚假慈善等方式来对其应当履行的社会责任进行"作假"的现象（Wagner et al., 2009）。国内学者赵红丹和周君（2017）以社会认知理论为基础揭示了企业伪善对员工不道德亲组织行为的影响。具体而言，该研究发现在企业伪善的影响下，员工可能认为企业倾向于支持可以使组织获利的行为，即使那些行为牺牲了道德伦理或违反了社会规范，从而追随、模仿企业决策以表现出不道德亲组织行为。此外，企业伪善和员工不道德亲组织行为之间的关系受到道德推脱的完全中介作用，并且道德推脱的中介作用受到员工道德认同水平的负向调节，道德认同越高，中介作用越弱。

高绩效要求。陈默和梁建（2017）的研究发现，来自组织的高绩效要求会触发员工的道德推脱机制，并使其为之后实施的不道德亲组织行为进行开脱或辩解。也就是说，道德推脱在高绩效要求与不道德亲组织行为之间发挥了中介作用。同时，感知的市场竞争正向调节这一间接关系，而道德认同则发挥负向调节作用。

　　人力资源管理实践。罗帆和徐瑞华（2017）的研究考察了高承诺人力资源管理实践对员工不道德亲组织行为产生的影响作用，其研究发现，高承诺人力资源管理实践对员工不道德亲组织行为有显著的正向影响。

　　不道德亲组织行为相关研究如图2-1所示。

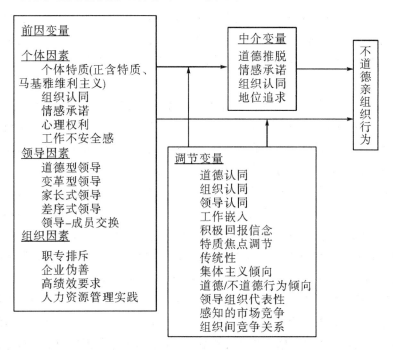

图2-1　不道德亲组织行为相关研究

资料来源：作者根据相关文献整理。

2.2　组织支持感文献综述

　　在管理学和组织行为学研究领域，员工-组织关系一直是学者们所关注的研究议题。以往研究用"组织承诺"这一概念来从员工视角出发描述员工-组织关系。然而，这种自下而上的、单方向的承诺仅仅刻画了员工对组织的承诺，却忽略了组织对员工的承诺（Eisenberger et al.，1986）。鉴于此，Eisenberger 及其同事（1986）提出了组织支持感的概念以及组织支持理论。之后，学者们也围绕组织支持感开展了大量研究。以下将对组织支持感概念和组织支持理论的由来、组织支持感的维度和测量进行回顾，并对组织支持感结果变量的相关研究进行梳理和总结。

2.2.1 组织支持感的概念

1986 年，Eisenberger 及其同事以社会交换理论（Blau，1964）、互惠规范（Gouldner，1960）和组织人格化观点（Levinson，1965）为基础提出了组织支持理论（organizational support theory，OST）。该理论认为，员工为了确认所在组织是否能对他们的努力工作给予奖赏、肯定，以及是否能满足其社会情感需要而形成了关于组织是否重视其贡献及关注其利益的总体认知和看法（Rhoades & Eisenberger，2002）。作为组织支持理论的核心概念，组织支持感（perceived organizational support，POS）是指员工形成的关于组织是否重视其贡献以及是否关心其福利、福祉的总体看法和感受（Eisenberger et al.，1986）。

首先，组织支持感的形成来自员工把组织代理人（agents）制定出的对其有利或不利的制度、政策、规范等视为组织对其喜欢或不喜欢的态度表达，即对组织进行的人格化（拟人化）处理（Eisenberger et al.，1986；Levinson，1965）。其次，员工会对这些行为背后的原因进行归因，当他们认为组织所给予的"好处"来自于组织的自由选择，而非被迫时，就形成了较高的组织支持感（Eisenberger et al.，1997；Gouldner，1960；Shore & Shore，1995）。

基于社会交换和互惠规范的视角（Blau，1964；Gouldner，1960），组织支持理论还提出组织支持感形成之后员工会产生的三种心理过程：其一，组织支持感会引发员工的义务感，使其关心组织利益，并愿意帮助组织实现目标；其二，组织支持感可以满足员工渴望被尊重、被认可和被关心等社会情感需要，员工会将组织成员身份和角色地位内化为自我身份的一部分，增加对组织的认同感；其三，组织支持感能增加员工的付出-回报预期（effort-reward expectancies），即员工相信当自己为了组织利益和目标而付出或取得更好的绩效时，组织会给予相应的肯定和奖励。

因此，组织支持感是对员工-组织之间关系的描述，来自员工对组织的"给予"和"付出"程度的判断和感知，反映了组织对员工的"承诺"程度，也会影响员工对自己与组织之间关系的判断。当员工感知到的组织支持感越高，就越容易将自己与组织之间的关系视为"关系型"，从而增加对组织的

"付出" 和 "承诺"。

作为描述员工-组织间关系的构念，组织支持感与组织承诺和心理契约容易混淆，但他们是完全独立和不同的构念。首先，组织支持感和组织承诺都反映了员工对组织进行社会交换的内部评估（陈志霞，2006），但两者的区别在于，组织支持感反映了组织对员工的"承诺"，而组织承诺反映的是员工对组织的"承诺"，即两者的方向不同（Eisenberger et al.，1986）。Shore 和 Tetrick（1991）的研究也通过验证性因子分析证实了组织支持感与组织承诺是两个完全不同的构念。之后的研究还发现，组织支持感是引起员工情感性承诺的前因要素（Rhoades et al.，2001）。其次，组织组织感与心理契约也有所区别。组织支持感与心理契约的共同之处在于两者都从社会交换的视角来考察员工-组织关系（姜薇薇，2014），但组织支持感更侧重于组织对员工的"承诺"，是单方向的，反映员工对组织支持程度的感知（Rhoades & Eisenberger，2002；Wayne et al.，1997），而心理契约则侧重于员工与组织双方的义务和责任感知，以及义务和责任在员工-雇主双方交换关系中被实现的程度，是双方向的（姜薇薇，2014）。

2.2.2 组织支持感的测量

Eisenberger 及其同事（1986）开发了用于测量组织支持感的单维度量表，共有 36 个题项，具有良好的信度（$\alpha = 0.97$）。后续其他学者的研究也发现，该量表具有良好的构念效度，能够与组织承诺构念相区分（Shore & Tetrick，1991）。该量表也是目前学者们所广泛使用的组织支持感测量量表，但在实际运用过程中，为了使用方便和简化问卷，研究者们通常会从 36 个题项中选出因子载荷较高的 6 个或 7 个题项来使用（Sluss et al.，2008；Stamper & Johlke，2003）。

随着组织支持理论的不断发展，另一些学者开始提出组织支持感是一个多维度构念。例如，McMillan（2002）认为组织支持感应该包括情感性支持和工具性支持两个维度；Bhanthumnavin（2003）在此基础上进一步提出组织支持感还应包括信息支持维度；Kraimer 和 Wayne（2004）在一项针对外派员工的研究中开发了用于外派员工的组织支持量表，共有 12 个题项，包括经济支持、职业生涯支持和适应性支持三个维度；此外，国内学者凌文辁等（2006）以中国员工为样本开发了包括关心利益、工作支持和员工价值认同三个维度的组织支持感测量量表。

2.2.3 组织支持感的结果变量

（1）对员工工作态度的影响

大量已有研究发现员工感知到较高的组织支持感会导致其积极的工作态度，如增加员工工作满意度、工作投入等（Allen et al.，2003；Hochwarter et al.，2003）。例如，Rhoades 和 Eisenberger（2002）开展的元分析发现，组织支持感能满足员工需要被认可、被尊重等社会情感需要，使员工产生积极情感，进而提高员工的工作满意度；Kurtessis 等（2017）最新的元分析研究结果也显示，组织支持感相比于组织自尊、工作自我效能感等其他主观感受而言，对员工工作满意度的预测作用最强。

较高的组织支持感还有助于员工对组织形成正面的、积极的态度。例如，可以增加员工对组织的信任感，因为员工感受到的来自组织的支持提升了他们的付出-回报预期，并相信组织会对他们的付出给予奖励等回报（Eisenberger et al.，1990；Shore & Shore，1995）。例如，DeConinck（2010）的研究发现组织支持感与员工对组织的信任正相关。此外，组织支持感还能增强员工对所在组织的责任感（Eisenberger et al.，2001；Yu & Frenkel，2013）。

高水平的组织支持感能促进员工与组织之间建立和形成较强的情感联结关系，如增加组织承诺（Chen et al.，2005；Eisenberger et al.，2001；Farh et al.，2007；Settoon et al.，1996）、组织认同（Sluss et al.，2008）、内部人身份感知（Stamper & Masterson，2002）等。例如，Eisenberger 等（2001）的研究发现，根据社会交换的互惠原则，当组织关心、支持员工，即员工感知到较高的组织支持感时，作为对组织的回报，会表现出更强的组织承诺和组织忠诚。

组织支持感有助于减少员工的工作压力、工作倦怠、情绪耗竭和工作-家庭冲突等负面情绪体验。根据资源保存理论（Hobfoll，1989）和工作要求-资源模型（Demerouti et al.，2001），工作压力和工作倦怠通常是因为员工缺少足够的资源来应对工作要求，而组织支持感则在提供相应资源方面扮演了重要角色（Maslach，1982）。例如，Panaccio 和 Vandenberghe（2009）的研究发现，组织支持感通过提升员工的组织承诺来增加员工的心理幸福感。此外，组织支持感还能够降低工作压力带给员工的压力反应（Hochwarter et al.，2003），减少角色冲突（Stamper & Johlke，2003）。因此，员工感受到的组织支持对工作压力、工作倦怠、情绪耗竭、工作-家庭冲突等有负向影响作用。

由于组织支持感能提升员工的工作满意度，形成积极的工作态度，建立与组织之间较强的情感联结，因此，感受到高水平组织支持的员工也不太可能辞去工作。相关实证研究结果也发现，组织支持感对员工的离职倾向有显著的负向影响作用（Allen et al.，2003；Armstrong-Stassen & Ursel，2009；Loi et al.，2006；Rhoades et al.，2001；Zhong et al.，2016）。

（2）对员工工作行为的影响

从现有研究结果来看，组织支持感有助于提升员工的工作绩效。例如，Eisenberger 等（2001）的研究发现，组织支持感通过提升员工的责任感、增加积极情绪来提升员工的角色内绩效；Chen 等（2005）则发现，组织支持感增加了员工的组织自尊和对组织的信任，从而导致更高的角色内绩效。其他学者的实证研究也证实了组织支持感对员工工作绩效有正向影响作用（Farh et al.，2007；Yu & Frenkel，2013；Zhong et al.，2016）。

大量研究也探索了组织支持感与员工角色外行为之间的关系。一般认为，当员工感知到的组织支持感较高时，会通过实施更多的积极角色外行为来回报组织，并减少消极角色外行为。例如，高水平的组织支持感能增加员工的组织公民行为（Chen et al.，2005；Farh et al.，2007；Moorman et al.，1998；Shore & Wayne，1993）、有助于鼓励员工建言献策（Tucker et al.，2008）、增加员工的知识分享意愿（Jeung et al.，2017）等。

2.3 内部人身份感知文献综述

2.3.1 内部人身份感知的概念

在早期的研究中，学者们已经开始探讨员工的"内部人"或"外部人"身份对其工作表现以及对所在组织的贡献程度的影响，但其划分标准大多是员工的工作特征。如，正式雇佣员工或工作时间较长的员工为"内部人"，而临时雇佣或工作时间较短的员工为"外部人"（Pfeffer & Baron，1988；Hom，1979）。同时，有研究发现，兼职员工比全职员工表现出更少的组织公民行为（Stamper & Van Dyne，2001）。然而，Stamper 和 Masterson（2002）对此提出了质疑，他们认为不能完全确认这一差异究竟是来自于员工的雇佣状态，还是来自员工感知到的内部或外部人身份。因此，Stamper 和 Masterson 于 2002 年提出了内部人身份感知（perceived insider status，PIS）这一概念。

所谓内部人身份感知，是指员工感知到的其作为组织内部人的程度（Stamper & Masterson，2002），也指员工作为组织内部成员所感知到的其获得个人空间和被组织所接受的程度，反映了员工感知到的与其他组织成员之间关系的密切程度（Stamper & Masterson，2003）。以社会交换理论为基础（Blau，1964），内部人身份感知的形成有两种方式：其一，从诱因-贡献理论（inducements-contributions theory）（March & Simon，1958）的视角来看，由于组织对员工的区别对待（如给全职员工更多的奖金、培训和晋升机会），使得员工形成了不同的身份感知。那些得到更多"好处"的员工会感受到组织对自己的重视，并认为自己对组织是有价值的，相应地也会认为自己有义务为组织做出贡献和努力。其二，员工内部人身份感知的形成也可能来自组织社会化过程。例如，在员工初入组织之时，会形成有关"组织应该如何对他们"的看法和预期（即心理契约）。一旦组织所提供的资源、机会等没能达到他们的预期，就可能形成自己不受组织重视的看法，但当组织所提供的超出其预期时，则会感受到自己被组织所接纳。

内部人身份感知与领导-成员交换理论（leader-member exchange，LMX；Liden et al.，1997）中的"圈内人"和"圈外人"有所区别，具体表现在：内部人身份感知反映、体现的是员工与组织之间的关系，而领导-成员交换则是领导-下属之间的配对关系；此外，领导-成员关系更强调关系质量（如，我与我的领导之间工作关系融洽），而内部人身份感知更强调特定员工-组织关系所导致的个体感受（如，我感觉我是属于这个公司的）。

总而言之，内部人身份感知是员工对自己作为组织成员所获得的个人空间和被组织所接受的程度的感知，是对员工个体在某一特定组织内感知到自己作为"内部人"成员身份程度的衡量（Chen & Aryee，2007；Stamper & Masterson，2002，2003），本书采用的也是这一定义。

2.3.2　内部人身份感知的测量

Stamper 和 Masterson（2002）提出内部人身份感知的概念之后还开发了相应的单维度测量量表。该量表一共有 6 个题项，示例题项如"我感觉我是组织中很重要的一员""在组织中，我感觉自己是个'内部人'"。国外相关研究表明该量表具有良好的信度效度，在中国情境下也表现出一定的普适性和可靠性（Chen & Aryee，2007；王永跃 等，2015）。该量表也是目前国内外相关研究中最被广泛使用的内部人身份感知测量量表。

2.3.3　内部人身份感知相关研究

2.3.3.1　内部人身份感知的前因变量

在现有研究中，学者们主要从个体因素、领导因素和组织因素三个方面探索了影响员工内部人身份感知的个体特质、领导风格、组织支持以及组织公平等因素。

（1）个体因素

探讨个体因素对内部人身份感知影响作用的研究相对较少，大多是考察具有何种特质的新员工能够快速适应工作并形成内部人身份感知。例如，Kim 等（2009）以新员工为样本的研究发现，具有主动性人格的员工在新进入一个组织时，能够快速地适应和融入环境，并表现出较高的创造力，而其创造力本身又容易得到组织的奖励和重视，因而有助于其内部人身份感知的形成。类似地，Wang 和 Kim（2013）的研究也发现，当新员工积极实施主动性社会化行为时，他们的内部人身份感知会更强。

（2）领导因素

在下属眼中，领导通常被认为是组织的代理人，因此，下属与上级领导之间的关系质量往往会被上升到组织层面影响员工-组织关系的好坏（Sluss & Ashforth，2007）。领导的授权行为向下属传达了其被组织信任和接受的信号，从而更有利于下属内部人身份感知的形成（Chen & Aryee，2007）。Zhao 等（2014）从自我归类的视角（self-categorization）出发，提出与上级领导具有高质量交换关系的下属更容易形成积极的自我概念，也更容易得到领导的关注、照顾和支持，相应地也更容易形成积极的员工-组织关系，增加内部人身份感知。

Ouyang 等（2015）分析了辱虐型领导与下属内部人身份感知之间的关系，并进一步讨论了下属性别在这一关系中的调节作用。从研究结果来看，辱虐型领导对下属内部人身份感知有显著的负向影响作用，特别是当下属为女性员工时，这一负向影响作用更强。Schaubroeck 等（2016）考察了威权型领导（authoritarian leadership）对下属内部人身份感知的影响，并发现了权力距离氛围的调节作用。当权力距离氛围水平较低时，威权型领导不利于下属内部人身份感知的形成；当权力距离氛围水平较高时，威权型领导对下属内部人身份感知有正向的影响作用。国内学者尹俊等（2012）的研究发现，授权型领导能够增加下属内部人身份感知，进而增加其组织公民行为。

（3）组织因素

组织支持。组织支持感能促进员工内部人身份感知的形成。如前所述，组织支持感是员工所感受到的来自组织方面的支持程度，是员工形成的有关组织如何看待他们的贡献以及对他们的利益和福祉关心程度的一种总体感知（Eisenberger et al.，1986）。根据社会交换中的互惠原则（Blau，1964，Gouldner，

1960），当员工感受到较高的组织支持，表明组织尊重、认可员工，因而员工更容易将自己归为组织内部人。例如，Stamper 和 Masterson（2002）对美国西部餐厅的全职和兼职员工所开展的研究发现，组织支持感会显著地、积极地影响员工内部人身份感知的形成。Lapalme 等人（2009）对加拿大金融公司的191 名派遣员工的调查研究发现，在高水平的领导支持和同事支持下，即使是作为"非内部"员工的派遣人员也能形成较高水平的内部人身份感知。

组织公平。当员工感知到自己被组织公正对待时，个体的归属感和有价值感会增加，从而更容易形成积极的员工-组织关系。例如，Armstrong-Stassen 和 Schlosser（2011）在考察年老员工的留职意愿时发现，针对年老员工制定的人力资源管理实践的实施过程公平性会正向影响其内部人身份感知的形成。此外，让员工更多地参与到决策过程中也有利于其内部人身份感知的形成（Ding & Shen，2017；Hui et al.，2015）。

其他组织因素。国内学者屠兴勇等（2017）从心理安全感的视角提出，组织内的信任氛围有助于员工内部人身份感知的形成，进而提升其角色内绩效，且心理安全感发挥调节作用；谭新雨和刘帮成（2017）的研究以公务员为样本，发现了在具有关怀型伦理氛围的科室中，公务员更容易形成内部人身份感知，并促使其参与到建言行为当中；刘宗华等（2017）的研究发现，高承诺工作系统对员工内部人身份感知有显著的正向影响，且内部人身份感知在高承诺工作系统与知识分享之间发挥中介作用。

2.3.3.2 内部人身份感知的结果变量

（1）对员工工作态度的影响

员工之所以会形成内部人身份感知，很大程度上是因为他们获得了比其他员工多的奖励、资源或机会（Stamper & Masterson，2002），相应地也更容易形成较高的工作满意度。实证研究结果也显示，员工内部人身份感知对其工作满意度和职业满意度都有正向的影响作用（Buonocore et al.，2009；Chen & Aryee，2007；Kim et al.，2009；Knapp et al.，2014）。例如，Knapp 等（2014）比较和区分了内部人身份感知、心理所有权和组织认同三个构念，以及对工作满意度的预测能力。研究发现，这三个构念完全不同并能相互区分，同时内部人身份感知对工作满意度的预测能力最好，对工作满意度有正向影响。

此外，根据互惠原则，当员工感知到自己"内部人"的身份时，作为对组织的回报，也会形成高水平的组织承诺（Chen & Aryee，2007；Lapalme et al.，2009）。例如，Lapalme 等（2009）的研究发现，领导支持和同事支持通过增加员工的内部人身份感知来提升其对组织的情感承诺；Chen 和 Aryee

（2007）的研究也发现内部人身份感知与员工的组织情感承诺正相关。由于被组织所认可和对组织有归属感的个体员工会对组织形成强烈的情感性承诺（Allen & Meyer，1990），具有较高水平内部人身份感知的员工也更不容易离开组织（Armstrong-Stassen & Schlosser，2011；Knapp et al.，2014）。

（2）对员工工作行为的影响

高水平的内部人身份感知往往与下属高水平的工作表现相关，这是因为当员工感知到自己的内部人身份时，更有可能接受和承担作为组织成员所应当承担的责任，并努力完成分配给他/她的任务。一些相关研究也发现高水平的内部人身份感知会增加员工的任务绩效（Chen & Aryee，2007；Schaubroeck et al.，2016；Sui & Wang，2014；Wang & Kim，2013）。例如，Sui 和 Wang（2014）的研究发现，内部人身份感知通过增加员工的组织自尊来提升员工的任务绩效。另一些研究则发现具有高水平的内部人身份感知的员工会表现出更多的创造力和创新行为（Horng et al.，2016；Wang et al.，2017；Zhao et al.，2014；吴坤津 等，2016）。例如，Wang 等（2017）的研究发现，员工的内部人身份感知能增加他们对组织的责任感和义务感，从而使其在工作中做出更多的创新行为。

除了对角色内工作绩效的影响，学者们还探索了内部人身份感知对员工角色外行为的影响作用，比较一致的研究结论是，内部人身份感知有助于增加员工的积极行为，减少消极行为。例如，Stamper 和 Masterson（2002）提出，具有较高内部人身份感知的员工更可能将自己视为组织公民的一员，从而表现出较多的组织公民行为。一些实证研究结果也证明，内部人身份感知有助于增加员工的组织公民行为（Hui et al.，2015；Stamper & Masterson，2002；尹俊等，2012）。同时，拥有高水平内部人身份感知的员工更可能感受到对组织的责任感，会投入更多的时间和精力去为组织做贡献，因此会表现出更加积极的角色外行为，如建言行为（Ouyang et al.，2015）。例如，国内学者汪林等（2010）的研究发现，当经理人将自己视为组织的"内部人"时，他们会承担起监护人的角色，将组织与自身视为命运共同体，从而更愿意为组织投入较多的时间和精力，实施更多的建言行为。Li 等（2014）的研究发现，相比于"外部人"，具有内部人身份感知的员工更有可能获得高水平的心理安全感知，从而更有可能在组织政治水平较高的情况下大胆建言。

2.4 道德认同文献综述

2.4.1 道德认同的概念

过去学者们主要从认知发展模型（cognitive developmental model）的角度来对个体道德/不道德行为的发生机制进行解释，尤其强调了道德推理（moral reasoning）对道德行为的预测作用。然而，实证研究结果却发现道德推理与道德行为之间的关系很弱，这意味着个体的道德机制中还存在着其他的影响因素（Bergman，2004；Blasi，1983；Hoffman，2000；Walker，2004）。由此，心理学家们开始探寻新的理论解释。其中，道德认同被认为是个体道德动机和行为的一个重要来源。

道德认同（moral identity）又被称为"道德同一性"。最早对道德认同的概念内涵和动力机制进行比较系统说明的是 Blasi（1983，1984）。为了弥补认知发展模型的缺陷，Blasi（1983，1984）提出了"自我模型"（self model），包括三个部分内容：第一，个体会进行道德责任判断，即认为自己负有不可推卸的道德责任时，才会实施道德行为；第二，个体道德判断的标准和依据来自于他/她的道德认同，即个体将道德视为自我概念中心或重要特征的程度差异；第三，个体具有维持"自我一致性"（self-consistency）的倾向，从而道德认同为个体实施道德行为提供了激励动力。Blasi 基于自我模型提出的道德认同概念被称为个性特征视角（character perspective），Hardy 和 Carlo（2005）总结 Blasi 提出的道德认同具有以下贡献：①强调了"自我"（self）在道德行为中的作用；②解释了道德行为是如何被道德认同所激发的；③提出了个体在道德渴望（moral desires）上的差异，而非道德推理能力上的差异；④指出了维持"自我一致性"是联结道德认同和道德行为的关键动力。然而，个性特征视角下的道德认同概念也有一定的局限性：①更适合用于解释经过思考的道德行为，不适合解释一些自发的、不易观察到的道德行为；②忽略了个体认同的动态性和多面性特征，不能解释个体在不同情境下为什么会有不一样的行为表现。

以社会认知理论为基础，Aquino 和 Reed（2002）提出了社会-认知视角下的道德认同概念，并将其定义为围绕一系列道德特质而组织起来的自我概念。与个性特征视角不同，Aquino 和 Reed（2002）强调了道德特质在个体自我概念当中的重要性程度取决于相关道德知识的可获得性。当相关道德知识易于获得时，道德认同成为自我认同中的主要成分，从而成为决定道德行为的主要因素；相反，当相关知识不易获得时，道德认同对道德行为的影响作用减弱（Aquino et al., 2008）。由此，社会-认知视角下的道德认同可能会受到情境因素的影响而在自我概念当中的重要性有所变化。例如，当观察到他人的道德行为时，道德特质和相关知识被激活，道德认同在自我概念中的重要性凸显；但当面临着巨额奖金的诱惑时，自我概念中的其他成分被激活，从而暂时性地降低了道德认同的重要性（Aquino et al., 2008）。总而言之，由于个体的自我认同是多面的（如职业认同、性别认同、宗教认同等），各种认同在自我概念中的重要性程度或地位有所差异，道德认同对道德行为的激励作用在不同的情境中可能表现出波动性。

尽管有所不同，个性特征视角和社会-认知视角的道德认同概念都认为道德认同在不同个体的自我概念中的重要性程度有所不同，即存在着个体差异，以及在维持自我一致性动机的驱使下，道德认同对道德行为具有激励作用。

2.4.2　道德认同的测量

在道德认同的测量方面，Aquino 及其同事（2002）编制了基于道德特质的道德认同测量量表，也是目前使用范围最广的测量量表。该量表共有 10 个题项，包括内在化道德认同和表征化道德认同两个维度。其中，内在化道德认同维度是指道德特质对个体自我概念的重要性，表征化维度是指个体的公开行为所反映的道德特质程度。在实际测量时，该量表首先向被测试者呈现一组用于形容个人品质的词语：关怀、公正、友好、慷慨、诚实、宽容、乐于助人、努力工作、富有同情心，然后由被测试者自己对这些特质的认同程度进行评估。内在化维度的题项如"拥有这些品质对我来说很重要"；表征化维度的题项如"我的这些品质会在公司里表现出来"。该量表在后续的研究使用中表现出了良好的信度，但学者们在测量道德认同时大多只采用内在化维度。

2.4.3　道德认同相关研究

研究发现，较高的道德认同能更多地促进个体的积极行为。例如，Aquino 及其同事（2002，2007）的研究发现，道德认同对捐赠这类亲社会行为具有正向影响（Aquino & Reed, 2002；Reed et al., 2007）。Scott 等（2011）的研究发现高道德认同的个体更不倾向于对自己的不道德行为进行辩解。Winterich 等（2013）分析了道德认同的不同维度对个体亲社会行为的影响，研究发现，当个体道德认同内在化维度水平较低时，道德认同表征化维度与亲社会行为正向相关，因为参与亲社会行为有助于将他们的道德特质表现给其他人；当个体道德认同内在化维度水平较高时，亲社会行为则不受到道德认同表征化维度的影响。Rupp 等（2013）在考察员工感知的企业社会责任与其组织公民行为之间的关系时发现了道德认同的调节作用，相比于道德认同水平较低的员工来说，具有高道德认同的员工在感知到较高的企业社会责任感时会实施更多的组织公民行为。

同时，道德认同对不道德行为、报复行为、欺骗行为等消极行为有抑制作用。例如，Gino 等（2011）的研究发现，自我损耗通常会降低个体的道德注意力，从而增加个体的欺骗行为，但这一关系受到道德认同的负向调节作用。O'Fallon 和 Butterfield（2011）的研究发现具有低道德认同的个体在观察到别人的不道德行为之后更容易进行模仿和复制。DeCelles 等（2012）的研究分析了权力的心理感知对自利行为的影响，研究发现，对于具有较高道德认同的员工个体来说，权力感知更不容易引发自利行为。Greenbaum 等人（2013）的研究发现，高道德认同的员工更不愿意从事组织偏差行为作为对管理人员伤害顾客的报复。Joosten 等（2014）考察了领导处于压力情境时，其自我调节机制是否会受到影响从而实施不道德行为，结果表明，对于道德认同较低的领导而言，外界压力更容易使自我调节机制受损，进而增加其不道德行为。Barclay 等（2014）探讨了个体道德认同和消极回报信念（negative reciprocity norm）的交互作用对个体报复行为的影响。研究发现，当个体是不公正对待的受害者时，道德认同的内在化维度和消极回报信念的交互作用对报复行为有预测作用；当个体是不公正对待的旁观者时，道德认同的表征化维度和消极回报信念的交互作用对报复行为有预测作用。

员工的道德认同差异会影响其面对组织中不公正现象的行为反应。例如，Skarlicki 等（2016）的研究发现员工遭受的顾客人际不公正对待与其针对顾客的故意破坏行为正相关，并且受到领导不公正和道德认同水平交互的调节作用，当员工道德认同水平较高时，领导不公正与顾客人际间不公正对破坏行为的影响减弱。Mitchell 等（2015）的研究分析了旁观者在观察到其他同事遭受辱虐型领导之后的反应，以及盘观者道德认同在其中的作用。研究发现，高道德认同的旁观者观察到他人遭受的辱虐型领导时，会体验到愤怒，从而做出针对领导的偏离行为并且向同事表现出更多的支持；类似地，O'Reilly 等（2016）的研究则发现，当旁观者道德认同水平较高时，在观察到他人遭受组织不公正现象时更容易产生愤怒情绪。Lee 等（2016）的研究分析了职场中社会损害的受害者是如何转变为社会损害的实施者这一过程，具体地，他们提出遭受了社会损害的员工会感受到较低的人际公平和较高的资源损耗，从而触发了道德推脱机制，进而参与到社会损害当中，但是当员工道德推脱水平较高时，则不容易产生道德推脱倾向从而实施针对他人的社会损害。

另一些学者则考察了领导的道德认同水平对组织和下属的影响。例如，Mayer 及其同事（2012）的研究发现，领导的道德认同水平与其道德型领导行为正相关。其中，领导表征化道德认同维度会通过道德型领导行为来间接影响组织的不道德行为，而领导的内在化道德认同维度既通过道德型领导行为间接影响组织的不道德行为，又会对组织的不道德行为产生直接的负向影响作用。Ormiston 和 Wong（2013）研究发现，过去实施了社会责任行为的企业组织更可能在未来实施对社会不负责任的行为，而 CEO 的道德认同调节企业之前社会责任行为和对社会不负责任行为的关系。Zhu 等人（2016）的研究表明，领导道德认同和道德注意力会对下属感知到的道德型领导产生正向影响，并进一步影响下属的道德认同水平。

2.5 道德推脱文献综述

2.5.1 道德推脱的概念

道德推脱是 Bandura 等（1996）基于社会认知理论提出的一个概念，用于解释人们为什么会做出不道德行为，以及实施不道德行为之后为什么不会产生内疚感、愧疚感和自责感。具体地，道德推脱是指个体为其实施的有害或不道德行为进行辩解和合理化的过程，通过这一过程，个体可以减轻做出不道德行为后所受到的良心的谴责与愧疚感（Bandura et al., 1996；Bandura, 1999）。

根据社会认知理论（Bandura, 1990, 1991），每个个体本身有一套自我道德调节机制，即建立了一定的道德标准，并通过这些道德标准来对自己的行为进行引导和约束。当个体实施了与这些标准相冲突的不道德行为时，个体会产生内疚、愧疚或自责等负面情绪。因此，为了避免负面情绪的产生，个体通常会从事那些与自我道德标准相一致的行为，减少不道德行为（杨继平 & 王兴超，2012）。但道德的自我调节功能只有在道德标准被激活时才能发生作用，道德推脱的作用就在于切断了个体行为与其内在道德标准的联系，使道德自我调节机制失去作用，从而更容易实施不道德行为，即便参与了不道德行为也不会产生内疚、羞愧或自责等消极情绪体验。

具体而言，道德推脱可以通过三类共八种相互关联的推脱机制来使道德自我调节功能失效（Bandura et al.，1996；Bandura，1999）：

第一类，个体在认知上对那些原本应当受到谴责的不道德行为进行重新定义或解释，使其看起来没有那么不道德，是可以被大众或自己所接受的，包括道德辩护、委婉标签和有利比较三种方式。其中，道德辩护（moral justification）是指通过对有害或不道德的行为进行重新解释，使其看起来更符合社会价值或道德规范，进而能够被人们所接受；委婉标签（euphemistic language）是指给原本应受谴责的行为换一个"名字"，使其看起来是没有恶意的，甚至是高尚的；有利比较（advantageous comparison）则是指通过与一些后果更具危害性的、更应当受到谴责的行为进行比较，从而使得自己原本的有害或不道德行为看起来显得微不足道，甚至变得看似可以接受。

第二类，个体通过模糊或扭曲不道德行为与它们所造成的消极影响之间的关系来进行的道德推脱，包括责任转移、责任分散和忽视或扭曲结果三种方式。其中，责任转移（displacement of responsibility）是指个体认为他们的行为主要来自社会压力或权威人物的要求，所以认为自己在该行为当中不负有责任。例如，企业财务人员将偷税漏税行为的责任转移到企业领导身上。责任分散（disfussion of responsibility）则是指，通过将行为责任分散到每一个成员身上，来使其看似每个人都不对该行为负有责任。因此，当发生了集体性的不道德行为时，个体更有可能通过责任扩散的方式来逃避谴责（杨继平 等，2010）。相应地，比起个体单独实施的有害或不道德行为来说，在集体责任分散的情况下，有害或不道德行为会表现得更严重。忽视或扭曲结果是指个体通过强调结果中有益的一面或忽视其有害的一面，甚至通过曲解的方式来对结果进行描述，从而减少其罪恶感。

第三类，个体通过降低对不道德行为的对象的认同或对其进行责备归因的方式来减少自我内疚或自责反应，包括去人性化和责备归因两种方式。其中，去人性化（dehumanization）是指个体剥夺了行为对象的"人"的社会属性，把他们看作"值得"被伤害的人，从而在不承认自己行为有错的情况下做出伤害他人的行为，甚至会觉得那是理所应当的、无须自责；责备归因（attribution of blame）是指，将过错推给受害者一方，如认为被伤害了的人是因为他们没有保护好自己。

在道德推脱的八种机制中，道德辩护、委婉标签和有利比较是使有害或不道德行为向有利或道德行为转变的认知重建过程，也是最为有效的道德推脱机制，不仅可以消除个体的自我责备还可以增加其在进行有害或不道德行为时的自我许可，从而将那些本应受到谴责的行为变成具有积极评价的合理行为。而责任分散、责任转移和忽视或扭曲结果通常发生在个体对有害或不道德行为进行掩饰或掩盖的时候。即当个体实施了有害或不道德行为之后，可以通过这三种机制来避免自我或社会的谴责。最后，个体还可以通过责备归因和非人性化这两种机制来降低对行为受害者的认同感，从而减少内疚、羞愧等负面情绪的产生。

总而言之，道德推脱在道德自我调节过程中发挥着重要的作用，特别是当个体面临需要违反其内部自我道德标准的行为决策时，可以通过道德推脱机制来使道德的自我调节功能失效，进而减少内疚、羞愧和自责（Bandura，1999；杨继平等，2010），即道德推脱机制可以有效地解释为什么个体会做出不道德行为，以及做出不道德行为之后为什么不会有内疚、羞愧等道德情绪的产生。以往研究已经发现，道德推脱对员工的不道德行为有显著的正向影响（Welsh et al.，2013），不道德亲组织行为的相关研究也发现了道德推脱在前因变量与不道德亲组织行为之间的中介作用（Chen et al.，2016）。其基本逻辑是，在某种内部或外部因素的刺激下，个体的道德推脱机制被激活，从而对原本的道德自我调节机制产生干扰、使其失效，进而使得个体心安理得地做出不道德行为。因此，本研究将引入"道德推脱"这一变量来进一步解释员工实施不道德亲组织行为决策过程中的认知变化过程。

2.5.2 道德推脱的测量

Bandura 等（1996）提出了道德推脱的概念之后还开发了相应的测量量表。该量表涵盖了道德推脱的 8 种作用机制，每个机制下有 4 个题项，共计 32 个题项，采用 Likert 3 点评分法，示例题项如，"为了保护朋友而大打出手是无可厚非的"。该量表以 799 名 10~15 岁青少年为样本，内部一致性信度系数为 0.82。之后，Bandura 等（1996）开发的道德推脱测量测量得到了大多数学者的认可，并被广泛地使用，也表现出了在其他样本和群体中的适用性和良好的信度效度（Kiriakidis，2008；Paciello et al.，2008；Pelton et al.，2004）。

但由于 Bandura 等（1996）开发的道德推脱量表是以儿童和青少年为样本，之后的研究者们对其进行了适当的修改或改编，以使其能够更好地适用于成年人群体和样本。例如，Detert 等（2008）以 307 名大学生为样本，开发了适用于成人的道德推脱量表。该量表同样涵盖了道德推脱的 8 种机制，但是删除了 8 个题项从而得到了 24 个题项的道德推脱量表，采用 Likert 5 点评分法，内部一致性信度系数为 0.87。Barsky 等（2006）开发了可以用于测量企业员工道德推脱的测量量表，但是仅包涵了道德辩护和责任转移两个维度。其中，道德辩护维度有 4 个题项，责任转移维度有 6 个题项，共计 10 个题项。

随着道德推脱理论应用范围的不断扩大，学者们各自以 Bandura 等（1996）开发的道德推脱量表为基础，通过改编和调整来应用于军事领域（McALister，2001）、体育运动领域（Boardley & Kavussanu，2007）、犯罪领域等（South & Wood，2006）。

最近，Moore 等（2012）提出，现有道德推脱测量量表有着各自的缺陷，如，Bandura 等（1996）的量表主要适用于青少年样本，Barsky 等（2006）的量表只概括了道德推脱中的两种推脱机制，其他的量表又具有特殊的适用背景或是过于冗长。因此，Moore 等（2012）开发出了一个能适用于各类人群、概括了道德推脱 8 种机制的、单维度的道德推脱倾向量表。该量表有 8 个题项，分别对应道德推脱的 8 个推脱机制，通过对 5 个不同样本的研究进行检验之后发现，该量表具有良好的信度和效度。

国内学者也对 Bandura（1996）的道德推脱问卷进行了本土化的检验分析。其中，以王兴超和杨继平（2010）为主要代表。通过对该量表进行回译和适当改编得到中文版道德推脱量表，再以 750 名大学生为样本进行测量，以学术欺骗行为、道德认同为效标来检验该量表的信效度。分析结果显示，该中文版量表具有较高的信效度，与学术欺骗行为有显著的正相关关系，与道德认同有显著的负相关关系。

2.5.3　道德推脱相关研究

自 Bandura 及其同事（1996，1999）提出道德推脱的概念以来，心理学领域的学者们开展了大量的研究来分析道德推脱的影响因素。例如，研究发现，男性比女性更容易表现出道德推脱倾向，而个体的文化程度和经济地位则具有负向的影响作用（McAlister et al.，2006）。此外，道德推脱倾向也会因不同的年龄阶段而有所不同。例如，Paciello 等（2008）的研究发现，处于 14~20 岁的青少年随着年龄的增长，道德推脱水平呈下降趋势。学者们还发现个体的道德推脱水平会受到其外部环境因素的影响。例如，充满温暖和理解的教养环境能显著降低儿童的道德推脱水平（Pelton et al.，2004）；相反，父母冲突则会增加青少年的道德推脱倾向（Cummings & Davies，1996；杨继平 & 王兴超，2011）。此外，在监狱等特殊环境中，参与案件越多的狱警的道德推脱水平也越高（Osofsky et al.，2005），而服刑人员由于长时间处于监狱环境也更容易产生道德推脱倾向（South & Wood，2006）。

在道德推脱对个体行为的影响作用方面，现有研究结果也大多揭示出了道德推脱对负面行为的正向影响作用。例如，初中生的道德推脱倾向会正向影响其自我报告的欺负行为（Hymel et al., 2005）；Paciello 及其同事（2008）的研究发现，个体的道德推脱对攻击行为、暴力行为有显著的正向影响作用，对内疚感有显著的负向影响；Barsky（2011）的研究发现大学生的道德辩护和责任转移倾向会增加他们的欺骗行为。

最近，管理学和组织行为学领域的学者们也开始关注道德推脱理论在组织情境中的运用，并探索和发现了一些员工道德推脱的前因变量以及道德推脱会对员工行为产生的影响作用。以下将对组织情境中道德推脱的相关研究进行回顾和总结。

（1）员工道德推脱的影响因素

一些研究指出员工的道德推脱倾向首先会受到个体特质等因素的影响。例如，Detert 等（2008）的研究探索了共情倾向、犬儒主义特质、控制点以及道德认同对道德推脱的影响。结果表明，具有高水平共情倾向的个体由于更能理解他人的立场和困境，因而不太容易进行道德推脱；而道德认同高的个体则会努力维持自己的行为与内在自我道德标准的一致性，因而对道德推脱有显著的负向影响；具有犬儒主义特质的个体则更容易进行道德推脱，因为他们认为人都是自私的，更容易进行责任分散或转移；在控制点以及道德认同方面，仅发现机遇归因的个体倾向于进行道德推脱，内控型和权力归因与道德推脱之间的关系则不显著。

另一些研究则分析了不同行为动机对道德推脱的影响。如，Baron 等（2015）考察了企业家不道德决策背后的动机，研究发现经济收益动机更容易激发道德推脱机制从而做出不道德决策，而自我实现动机则与道德推脱负相关，从而更不倾向于做出不道德决策；Kish-Gephart 等（2014）的研究则发现了自利动机对道德推脱有正向的影响作用。

此外，个体员工经历的消极事件或消极情绪也会增加道德推脱倾向。例如，Duffy 等（2012）的研究发现，对他人的妒忌会增加员工的道德推脱倾向，进而导致员工实施对他人的社会阻碍；Fida 等（2015）的研究考察了工作压力源，如人际冲突、工作负荷、缺少支持等，对反生产行为的影响，研究发现，工作压力会增加员工的消极情绪体验进而导致道德推脱，从而增加其人际和组织的反生产行为；Lee 等（2016）的研究发现，社会阻碍的受害者会转变为施害者，这是由于遭受到社会阻碍使得员工感知到的人际公平减少，资源损耗增加，进而导致道德推脱倾向，从而促使其参与到针对别人的社会阻碍行为当中；Huang 等（2017）的研究发现，道德推脱在工作不安全感对人际偏差行为、组织偏差行为和离职倾向产生影响的过程中发挥中介作用，即工作不安全感增加了员工的道德推脱倾向，进而导致其做出更多的职场偏差行为以及更高水平的离职倾向。

在组织情境中，员工的道德推脱水平也会受到领导因素的影响。例如，Bonner 等（2016）的研究发现，领导的道德推脱倾向会负向影响下属对其道德型领导行为的感知，进而减少其组织公民行为和工作绩效，特别地，这一中介作用受到下属道德推脱的调节作用，当下属道德推脱水平较高时，这一中介作用减弱；国内学者杨继平和王兴超（2015）的研究发现，德行领导会对下属的道德推脱倾向产生负向影响，进而减少下属的不道德行为、增加利他行为；黄洁（2016）的研究发现，领导的辱虐管理方式会增加下属的情绪耗竭，进而导致下属产生道德推脱倾向，从而增加了下属的人际偏差行为。

组织因素的影响。Petitta 等（2017）在考察不同类型组织安全文化对员工安全事故申报的影响过程中，发现了道德推脱的中介作用。

（2）员工道德推脱的影响作用

由于道德推脱的主要作用在于对个体道德自我调节机制进行干扰，使其失效，从而在实施不道德行为之后不会产生内疚、羞愧等负面情绪，因此道德推脱被认为是影响不道德行为的一个重要变量。研究发现，高水平的道德推脱会导致个体做出不道德决策（Baron et al.，2015；Stevens et al.，2012），对不道德行为也有正向影响作用（Welsh et al.，2013）。

近些年，越来越多组织行为学领域的研究引入道德推脱这一变量来分析员工道德/不道德行为的发生机制。研究发现，道德推脱可以显著地预测员工的不道德行为。例如，Moore 等（2012）的研究发现，道德推脱与员工自我报告的、主管评定的以及同事评定的不道德行为之间均有显著的正相关关系；Palmer（2013）的研究则发现道德推脱与员工的道德行为之间存在显著的负相关关系；国内学者文鹏和陈诚（2016）以 308 名企业员工为样本的研究发现，当他人实施不道德行为时，焦点个体会产生较强的道德推脱，进而导致其也参与到不道德行为当中，并且个体的道德认同和内部控制点发挥调节作用；陈默和梁建（2017）的研究发现，高绩效要求将启动员工的道德推脱机制，使其为之后的不道德亲组织行为进行开脱和辩解，即高绩效要求通过道德推脱的中介作用来影响不道德亲组织行为，感知的市场竞争发挥正向调节作用，道德认同发挥负向调节作用。

此外，道德推脱还能预测员工职场偏差行为、反生产行为等消极组织行为（Claybourn，2011；Samnani et al.，2014）。例如，Christian 和 Ellis（2014）的研究发现道德推脱对员工的职场偏差行为有正向影响作用，且这一作用受到离职倾向的调节；Fida 等（2015）的研究发现，员工感受到的工作压力会增加其道德推脱倾向，进而导致更多的反生产行为；类似地，Huang 等（2017）的研究发现工作不安全感通过增加道德推脱水平来增加职场偏差行为。

2.6　组织道德文化文献综述

2.6.1　组织道德文化的概念

组织文化是指，组织内全体成员所共享的思维模式、信仰和价值观（Schein，1985，2010）。组织文化能帮助组织内个体成员理解组织的整体功能，并为个体成员提供在组织中的行为规范。组织文化是人类社会环境的一种独特现象，随着时间的积累和推移，不同的组织会逐渐形成自己特有的组织文化，但都包含了价值观、信仰和思维模式。Kopelman 等（1990）认为，学者们对组织文化的研究，大致可以分为两种：其一是基于现象的，即关注那些可以被观察到的行为和结果；其二是基于观念的，即关注那些潜在的被共享的意义、象征以及价值观。换言之，组织文化是多层次的，并具有不同的表现方式。较深层次的组织文化是一系列被共享的意义、价值观和假设，而较浅层的则是一些具体的、可观察到的反映深层价值体系的因素。

组织道德文化是组织文化的一部分，是组织文化中用来界定和区分什么是正确的，什么是错误的（Schein，1985），是成员们共享的有关道德/不道德行为的规范、标准、奖惩等，反映了组织需要什么样的行为，不需要什么样的行为。Treviño（1986，1990）是最早将组织道德文化作为一个情境因素提出的，并认为组织道德文化可以调节个体道德认知发展阶段与道德/不道德行为之间的关系。在该模型中，组织道德文化包括组织的制度规范（即有关哪些是恰当/不恰当行为的规范），他人的行为参照，对权威的依从，以及组织鼓励个人承担后果的程度。之后，Treviño 等（1998）给出了组织道德文化的正式定义，她认为组织道德文化是组织文化的一部分，会促进道德行为或助长不道德行为，包括能影响员工行为的"正式"和"非正式"控制系统。其中，"正式"系统包括组织政策、领导方式、权威结构、奖惩系统和培训计划；"非正式"系统包括同事行为和道德规范。可以说，组织道德文化是组织对道德/不道德行为在规范、标准和奖惩等方面所达成的共识，体现了组织文化关于道德行为的要求。但需要指出的是，Treviño 等（1998）所界定的道德文化仅仅是表层（surface-level）文化，反映了文化中可以被观察到的部分要素，也被称为共享的文化要素（shared cultural elements）（Schein，1985）。

组织道德文化与组织道德气氛比较相似，都用于反映组织中的道德环境，也都会对组织成员的态度和行为产生影响，但两者有所区别。组织道德气氛是一个比较抽象的概念，当我们说到气氛时，会联想到"温暖的""和谐的"等形容词，因此组织道德气氛是通过组织成员的感知来形成的，它反映了"这是一个什么样的组织"。而组织道德文化则是相对具体的、指导性的，代表了一系列规则、规范、仪式、制度等名词，组织道德文化通过一系列"正式"和"非正式"的控制系统来明确地告诉组织成员什么是可以做的、什么是不可以做的。

组织道德文化也具有层级性。Schein（1985，2010）认为，组织内不同层级上的领导都会对组织文化的表层部分产生影响，即组织文化中的可见部分，如行为准则、政策、规范等。通过对这些表层要素施加影响，领导能帮助其部门或团队成员更好地理解组织道德文化对行为的指导作用。但也正由于不同部门或团队的领导自身具有差异，其在理解组织文化、将组织文化具象化的过程中可能存在差异，也就导致了不同部门或团队成员所共同理解的道德文化差异。

因此，为了严格地与道德气氛构念相区分，本研究中所使用的组织道德文化概念是狭义的、表层的道德文化，具体指组织成员共享的有关道德/不道德行为的规范、标准、奖惩等"正式"和"非正式"系统的综合，反映了组织需要什么样的行为，不需要什么样的行为。

2.6.2 组织道德文化的测量

回顾现有研究，学者们出于不同的研究目的开发了各自用于测量组织道德文化的量表，归纳来看主要包括以下几种：

Treviño（1998）等在对比组织道德文化和组织道德气氛对员工态度和行为的影响时开发了用于测量道德文化的测量量表。该量表共有 14 个题项，采用 Likert 7 级计分法，且具有较高的信度（α=0.94）。示例题项如"在我们组织中，若有人做出不道德行为会受到惩罚"。在后续的使用中，学者们通常选择使用该量表中的 10 个或 8 个题项来测量组织道德文化（Huang & Paterson，2017；Schaubroeck et al.，2012；Hollingworth et al.，2015）。

Kaptein（2008）提出了企业伦理美德模型（corporate ethical virtues model），更强调组织的正直性（virtuousness），并认为组织正直是由组织文化提倡道德行为、制止不道德行为的程度所决定的。为了测量组织文化的正直性，Kaptein（2008）开发了相应的量表。该量表是一个多维度量表，共有 58 个题项，包括 8 种美德：明晰性（clarity）、领导一致性（congruency of supervisors）、高层管理一致性（congruency of senior management）、可行性（feasibility）、支持性（supportability）、公开性（transparency）、可讨论性（discussability）和惩罚性（sanctionability）。之后，Debode 等（2013）进一步对该量表的效度进行了检验，并提出了精简版的企业伦理美德测量量表（corporate ethical virtues model scale – short form），该量表仍涵盖了原有的 8 个维度，共 32 个题项，具有较好的信度和效度。

2.6.3 组织道德文化相关研究

（1）对员工态度和行为的影响

道德文化可以使员工了解所在组织的价值观与目标，以及在此价值观与目标下自身应当遵从的行为规范体系和遭遇道德困境时应如何做出抉择，从而影响其道德/不道德行为决策（Treviño et al.，2006）。因此，道德文化会影响员工的道德/不道德行为。例如，Treviño 等（1998）的研究对比了道德文化和道德气氛对员工态度和行为的影响，结果表明，在制定了明确道德规范的组织中，道德文化对员工不道德行为的预测作用更强，而在没有制定明确道德规范的组织中，道德气氛对不道德行为的预测作用更强；但是道德文化和道德气氛对员工组织承诺的预测作用相似。Schaubroeck 等（2012）开展的一项针对 2 572 名美国军队士兵的研究考察了道德型领导对道德文化和个体道德认知及行为的影响，并揭示了组织内不同层级的道德型领导通过影响部门道德文化的形成进而影响个体成员的涓滴效应（trickle-down effects）。具体而言，该研究发现，道德型领导对道德文化的影响不仅仅局限于同一组织层级上，高层道德型领导也会对低层道德文化产生影响，从而揭示了其跨层次影响效应。Svanberg 和 Öhman（2016）探究了审计公司道德文化对审计人员客观性的影响。他们认为审计公司道德文化包括对道德行为的奖励、对不道德行为的惩罚、道德规范的实施、道德型领导以及弱化对权威的顺从几个方面。研究结果表明，在具有高道德文化的公司内，审计人员的判断更具客观性。

道德文化影响员工的揭发意愿和行为。例如，Zhang 等（2009）以中国银行从业人员为样本考察了员工内部揭发行为的发生过程，其研究发现道德文化调节了揭发判断与揭发意愿之间的关系，即当组织道德文化水平较高时，员工更倾向于认为揭发行为是符合道德的行为，从而增加其实施揭发行为的意愿。

Dalton 和 Radtke（2013）的研究发现，高水平的组织道德环境能增加员工的揭发意愿。同时，道德环境能调节马基雅维利主义与揭发意愿之间的关系，当道德环境水平较高时，马基雅维利主义对揭发意愿的负向影响减弱。该研究结果表明，具有马基雅维利主义特质的员工一般不太愿意对别人的错误或不道德行为进行揭发，但是当组织内形成了较高要求的道德环境时，可以改变这一倾向，促使其参与到揭发行为中。

高水平道德文化有利于增加员工积极行为，减少消极行为。例如，Baker 等（2006）的研究则发现，企业伦理价值观增加了员工对分配公平和程序公平的感知，从而提升其组织承诺，进而增加了员工的组织公民行为。国内学者章发旺和廖建桥（2016）探讨了组织道德文化对道德型领导与员工越轨行为的调节效应。研究结果表明，个体层面的伦理型领导对员工的越轨行为有显著的负向影响，且这一影响受到组织层面道德文化的跨层次调节效应。张永军等（2017）以社会学习理论为基础，探讨了 CEO 道德型领导对群体反生产行为的影响机制。研究发现，CEO 道德型领导对群体反生产行为有负向影响作用，且组织道德文化在其中发挥部分中介作用。

高水平道德文化有利于员工对组织和工作形成积极的态度。例如，Valentine 等（2006）以 460 名会计和金融从业人员为样本考察了企业伦理价值观对员工工作态度的影响。研究发现，企业伦理价值观通过增加员工感知到的组织支持感来提升其工作满意度并减少其离职倾向。Ruiz-Palomino 等（2013）考察了组织道德文化对员工工作态度的影响，结果发现组织道德文化通过个体-组织匹配（P-O fit）的中介作用可以提升员工的工作满意度、情感承诺和留职意愿。Huhtala 等（2016）通过一项长达两年的纵向追踪调查分析了员工感知到的组织道德文化变化对其工作态度和工作参与的影响。研究结果表明，在道德文化水平下降或暂时性处于低水平道德文化的情况下，员工表现出消极的工作态度并降低了工作参与程度，而稳定的高水平道德文化则有助于提升员工的工作态度和工作参与程度。陈宏辉等（2015）基于社会学习理论的视角，探讨了企业变革型领导的社会责任观传导至基层员工的作用机制，其研究结果发现，变革型领导对员工的社会责任态度有显著的正向影响，且企业道德文化在这一关系中起到中介作用。

（2）对团队的影响

Mo 等（2012）在团队层面考察道德型领导对团队组织公民行为（team-level OCB）的影响时提出，组织层面的道德文化可以调节道德型领导对团队组织公民行为的正向影响，当成员们感知到高水平的组织道德文化时，该正向影响加强。Huang 和 Paterson（2017）在考察团队道德建言的影响因素时发现，高层经理的道德型领导行为通过影响道德文化来间接影响团队道德建言水平。国内学者范恒和周祖城（2017）分析了团队层次的道德型领导对团队组织公民行为和团队不道德行为的影响过程机制。结果表明，团队道德文化在道德型领导对团队组织公民行为的正向影响和道德型领导对团队不道德行为的负向影响中都起了中介作用。

（2）对企业组织的影响

以往学者认为，企业道德与企业绩效往往难以兼容，Eisenbeiss 等人（2015）则对此提出质疑，并检验了 CEO 道德型领导对企业绩效的影响。研究发现，CEO 道德型领导通过组织道德文化的中介作用提升企业绩效，同时组织道德程序对该间接效应发挥调节作用。类似地，Riivari 和 Lämsä（2014）的研究发现，组织道德文化对组织创新有显著的正向影响。Wu 等（2015）的研究发现 CEO 道德型领导通过组织道德文化的中介作用对企业社会责任发挥积极的影响，同时，这一间接影响受到 CEO 创始人地位和企业规模的调节作用。

2.7　道德意识文献综述

2.7.1　道德意识的概念

个体的价值观是一种相对稳定的内在特征，是指个体对人生、政治、道德与审美价值等所形成的高度概括化的态度和观念（吴红梅 & 刘洪，2010）。其中，个体对道德相关问题的态度就是道德意识或道德观（ethical ideology）。

道德意识是个体在道德问题上所信奉的道德哲学和道德立场（Forsyth，1980）。不同个体的道德意识有所差别，因为个体在判断某一行为的对错标准和对某一行为的错误程度的裁定方面上存在差异。道德意识可以左右个体的道德情感，从而引导个体在道德相关的问题和行为上做出选择、判断和评价（Forsyth et al.，2008）。个体的道德意识包括两个维度，理想主义（idealism）和相对主义（relativism）（Forsyth，1980；Forsyth et al.，2008）。其中，理想主义维度是指个体认为通过正确的行为总能获得正确结果的程度，表达了个体对他人福祉、福利和幸福感的关心程度，强调要避免伤害他人；相对主义维度是指个体拒绝普适道德规范的程度，并认为行为的正当性取决于当时的环境和相关他人。

Forsyth（1980）在理想主义和相对主义维度的基础上进一步提出了个体道

德立场（ethical positions）的分类：①绝对主义者（高理想主义和低相对主义），认为道德行为是严格遵守道德规范并带来积极结果的行为；②主观主义者（低理想主义和高相对主义），拒绝普适的道德规范，对行为道德性的判断主要取决于他们自己的看法和情境；③情境主义者（高理想主义和高相对主义），尽管拒绝普适的道德规范，但期待在给定情境下道德行为能实现最好的结果；④例外主义者（低理想主义和低相对主义），认为符合道德规范的行为是可取的，但例外也是被允许的。

Forsyth（1980）提出的道德立场理论（ethical position theory）曾被用来解释商业决策中的道德判断（Barnett et al., 1994）、消费者道德行为（Rawwas, 1996; Rawwas et al., 1994; Vitell et al., 1991）。但 Forsyth 和 Nye（1990）提醒学者们，这种对连续变量进行分类的方法仅仅是通过"贴标签"的方式来简化复杂的过程。同时，Cohen（1983）也指出，对连续变量进行分类可能导致损失重要信息。因此，更多的学者在研究道德意识对道德决策或行为的影响时选择了两维度（即理想主义和相对主义）的分类方法，本书中也将采用这一做法。

2.7.2　道德意识的测量

Forsyth（1980）提出道德意识的概念之后也开发了相应的道德立场测量量表（ethical position questionnaire，EPQ），包括相对主义和理想主义两个维度，每个维度有 10 个测量题项，共 20 个题项。其中，相对主义维度的示例题项如"不同社会和环境下的道德标准是不同的""道德标准存在个人差异，一个人认为是道德的行为其他人可能会认为是不道德的"；理想主义维度的示例题项如"有可能对他人造成伤害的行为是绝不能允许的，即使该行为可能带来某些好处""如果一个行为可能伤害到无辜的人，那么就不应该实施"。Forsyth（1980）开发的道德意识测量量表在心理学和管理学研究领域中都得到了较为广泛的应用，并且表现出了良好的信度。

2.7.3　道德意识相关研究

（1）对道德判断的影响

个体的道德意识会对其道德判断产生影响，一般认为，理想主义水平高的个体比较关注行为的潜在后果，避免伤害他人，道德敏感性也比较高；而相对主义者认为不存在普适的道德标准，道德敏感性较低，通常也更容易将模棱两可的行为看作可以接受的、合理的行为。例如，Sulsky 等（2016）通过实验的方法研究了情境因素是否能预测个体对盗窃行为的道德性判断，并提出了相对主义道德意识的调节作用。其实验结果表明，当被试认为盗窃行为对所在组织没有消极影响或是一种普遍行为时，则倾向于低估该行为的不道德成分，且这一倾向对于具有相对主义道德意识的被试来说更显著。而 Clouse 等（2017）以金融从业人员为样本，考察了不同的个体道德取向对其针对有问题财务决策接受程度的影响，研究结果表明，理想主义者更不容易接受有问题的财务决策，而相对主义者更倾向于接受有问题的财务决策。Li 等（2018）考察了个体道德基础和道德意识对道德判断的影响，发现个体道德基础对道德判断有显著的正向影响，且这一影响受到相对主义道德意识的调节作用，当相对主义道德水平高时，道德基础对道德判断的正向影响减弱。此外，其他针对不同地区、国籍样本的实证研究也都发现了与此相一致的研究结论（Boyle，2000；Chiu & Erdener，2003；Hartikainen & Torstila，2004；Kim & Choi，2003）。

（2）对道德/不道德行为的影响

研究发现，个体的道德意识也会对其道德/不道德行为产生直接影响。其中，理想主义者由于更关注行为的结果，并且关心他人的福利和福祉，会实施较少的不道德行为；相反，相对主义者往往不受普适道德规范的约束，更有可能实施不道德行为（吴红梅 & 刘洪，2010）。这种影响作用在商业人士的谈判行为、对侵犯他人知识产权和隐私权的接受程度、社会负责性投资行为以及有问题的会计行为（Banas & Parks，2002；Emerson et al.，2007；Park，2005；Winter et al.，2004）等方面都有所体现。例如，Hastings 和 Finegan（2011）的研究探索了组织公平、偏差行为以及道德意识之间的关系。他们认为，理想主义者即使经历了不公平也不太愿意实施组织或人际的偏差行为，因为理想主义者始终认为给他人造成伤害是不对的；而相对主义者更容易在遭受了不公平对待之后实施职场偏差行为，因为他们认为考虑到当前的情况，这样做是可以接受的。Lu 等（2017）通过实证和实验方法的多个研究发现，海外工作经验会增加不道德行为，并且相对主义道德意识在其中发挥中介作用。也就是说，具有海外工作经验的人更容易形成相对主义道德意识，从而更容易做出不道德行为。

2.8 现有研究不足和本研究的切入点

2.8.1 现有研究不足

不道德亲组织行为具有亲组织的成分，短期来看员工实施的不道德亲组织行为有利于提升组织利益，但由于其本质上仍属于不道德行为的范畴，在维护组织及其成员利益的同时伤害了组织外其他利益相关者的利益，长远来看是对组织发展不利的。同时，由于该行为相比于其他不道德行为来看，更具隐蔽性和迷惑性，甚至可能得到组织或领导方面的认可和放纵，因此，有必要深入剖析组织内员工不道德亲组织行为的成因，以从根本上尽量减少甚至杜绝该行为的发生。

目前来看，不道德亲组织行为还属于一个比较新的概念，相关研究成果还比较有限，但最近几年引起了国内外部分学者的关注，涌现出了一些有益的探索性研究。这些研究大多基于 Umphress 和 Bingham（2011）提出的不道德亲组织行为理论模型，进行适当的拓展和深化。例如，一些研究以社会认同理论（Tajfel & Turner，1986）为基础考察了组织认同对员工不道德亲组织行为的影响（Chen et al.，2016；Effelsberg et al.，2014；Umphress & Bingham，2010）；以社会交换理论为基础考察了领导-成员交换关系对不道德亲组织行为的影响（林英晖 & 程垦，2016，2017）；另一些研究则考察了不同的领导风格，如道德型领导（Miao et al.，2013；李根强，2016）、变革型领导（Effelsberg et al.，2014；Graham et al.，2015）、家长式领导（张永军 等，2017）对不道德亲组织行为的影响；还有研究分析了组织因素，如企业伪善（赵红丹 & 周君，2017）、高绩效要求（陈默 & 梁建，2017）的影响。在过程机制方面，学者们主要发现了道德推脱、组织认同、组织承诺的中介作用（Chen et al.，2016；Effelsberg et al.，2014；林英晖 & 程垦，2016）。

通过回顾和分析，本研究认为目前有关不道德亲组织行为的研究存在两点不足：

（1）需要在个体层面进一步探索员工不道德亲组织行为的影响因素和作用机制

首先，不道德亲组织行为作为一种亲组织角色外行为，员工与组织之间的关系质量好坏会对其产生直接影响，尽管现有研究基于社会交换理论分析了领导-成员交换关系对不道德亲组织行为的影响，但组织支持感作为衡量员工-

组织关系的重要变量却没有涉及。因此，本研究拟以组织支持感为预测变量来分析和探讨组织支持感对员工不道德亲组织行为产生影响的过程机制和边界条件。

其次，不道德亲组织行为本质上属于不道德行为的范畴，个体具有的道德相关特质（如道德认同）也会对其产生直接影响。现有研究中对个体特质方面的原因的探索还比较少，但道德认同作为一种相对稳定的个体特质变量对个体不道德行为具有显著的预测作用。因此，本研究拟以道德认同为预测变量来分析和探讨道德认同对员工不道德亲组织行为产生影响的过程机制。

（2）需要在团队情境下探索团队情境因素对不道德亲组织行为的影响和作用机制

现有的有关不道德亲组织行为的研究都是从个体层面来分析不道德亲组织行为的影响因素，但不道德行为除了受自身因素影响之外，也会受到外部情境因素的影响。如，团队领导的行事风格、团队道德文化等。已有的涉及领导因素对不道德亲组织行为产生影响的研究中，学者们主要聚焦在不同的领导风格会对下属不道德亲组织行为产生何种影响。尚未有研究直接探讨领导不道德亲组织行为是否会引发下属的仿效、模仿，从而增加下属不道德亲组织行为。因此，本研究拟基于团队情境来分析团队领导不道德亲组织行为对下属不道德亲组织行为产生影响的过程机制和边界条件。

2.8.2　本研究的切入点

第一，针对 Umphress 和 Bingham（2011）提出的，员工可能出于回报组织的目的来实施不道德亲组织行为，即在员工看来其不道德亲组织行为是作为对组织进行"报答"的行为表现。也就是说，基于社会交换的原则，当员工从组织方面获得了比其他员工更多的晋升机会、资源分配或奖励时，会产生回报义务来做出对组织有利的行为（如不道德亲组织行为）。目前，管理学和组织行为学领域的学者们对于组织内社会交换关系的研究主要集中在以下三个方面：其一是员工与领导之间的交换关系。以领导-成员交换（LMX）为主要代表，提出当员工与其上级领导之间形成高质量的交换关系时，会表现出更高的组织承诺和工作表现。其二是员工与同事之间的交换关系。以 Seers（1989）提出的团队-成员交换（TMX）概念为主要代表，这一概念将以往领导-下属配对关系拓展到团队中成员之间的关系上。其三是员工与组织之间的交换关系。尽管国内学者林英晖和程垦（2016，2017）已经发现了领导-成员交换关系对员工不道德亲组织行为有显著影响，但从概念定义出发，本研究认为由于不道德亲组织行为本身具有的亲组织成分，来自组织的直接支持更有助于员工回报义务的产生。正如 Blau（1964）在其研究中所指出的，从雇主角度看，员工与组织的交换关系表现为组织对员工的支持程度。因此，本研究拟考察组织支持感是否能作为增加员工不道德亲组织行为的前因变量。

第二，我们需要进一步分析组织支持感对不道德亲组织行为产生影响的过程机制。在对组织支持感相关文献进行回顾的过程中，我们发现了内部人身份感知这一变量。该变量的提出者 Stamper 和 Masterson（2002）以社会交换理论为基础，指出当员工感知到来自组织的区别对待（不同程度的支持）时，会形成自己是组织内部人还是外部人的身份感知。具有较高内部人身份感知的员工会相应表现出对组织更高的归属感、承诺感和认同感（Chen & Aryee，2007；Lapalme et al.，2009），并更多地参与到积极的角色外行为当中来作为对组织承诺的回报。不道德亲组织行为是员工自发实施的、非组织正式规定或领导要求的行为，属于角色外行为的范畴，且具有维护和提升组织效能和组织有效运作的目的性。因此本研究推测，组织支持感会促进员工形成内部人身份的感知，从而在"回报义务"的驱使下做出不道德亲组织行为。此外，根据社会认同理论，当个体对其归属的某一群体产生强烈的认同感时，会将该群体与自我概念联系起来，作为自我延伸的一部分，从而更愿意为了该群体的利益和发展目标而贡献出自己的力量。我们推测，内部人身份感知的形成，意味着员工产生了自己作为组织"内部人"的角色认同和对组织的社会认同，相应地也会表现出该"角色身份"下应该做的行为（如不道德亲组织行为）。因此，组织支持感有可能通过影响员工的内部人身份感知来对不道德亲组织行为产生间接影响。

第三，Castille 等（2016）的研究发现，员工的马基雅维利主义特质与从事不道德亲组织行为的意愿正相关，这表明组织内可能本身就存在着具有某些特质的员工，相比于其他员工而言更容易参与到不道德行为当中，即不道德亲组织行为作为一种不道德行为，也会受到某些个体特质的影响。相关研究发现，较高的道德认同能更多地促进个体的积极行为，如捐赠等亲社会行为（Aquino & Reed，2002；Reed et al.，2007），并能对个体的不道德行为、报复行为、欺骗行为等消极行为有抑制作用（Gino et al.，2011）。因此，可以推测员工个体的道德认同会对其不道德亲组织行为产生负向影响，即具有较低道德认同的员工更容易实施不道德亲组织行为。此外，Scott 等（2011）的研究发现，高道德认同的个体更不倾向于对自己的不道德行为进行辩解。因此，可以推测道德认同通过抑制员工的道德推脱倾向来减少其参与到不道德亲组织行为当中的可能性。

第四，随着工作团队逐渐成为企业主要的组织结构和工作单元，相较于其他组织成员，团队内部成员间的人际交流和互动更加频繁，相互之间的影响力也较大。Robinson 和 O'Leary-Kelly（1998）最早发现了团队中存在的"近墨者黑"现象，即焦点个体的攻击行为会受到团队内其他人攻击行为的影响，并将其称为"Monkey see，Monkey do"现象。之后 Glomb 和 Liao（2003）以及 Felps 等（2006）的研究都揭示出团队内个体成员的负面行为会受到团队内其他人负面行为的影响。而团队领导作为团队的主要负责人和支柱，其态度和行为对团队成员产生的影响也最大。社会学习理论认为，角色榜样通过改变结果预期来影响个体行为。在团队中，团队领导就充当着榜样的角色，其行为往往受到下属成员模仿。回顾相关研究，虽然有学者考察了道德型领导对员工不道德亲组织行为的影响，但还没有研究直接考察领导的不道德亲组织行为是否会引发下属成员的效仿。因此，本研究拟基于团队情境来考察团队领导不道德亲组织行为对下属不道德亲组织行为的影响。

第五，团队成员的行为还会受到团队规范的影响和制约。组织道德文化是组织文化的一部分，是成员们共享的有关道德/不道德行为的规范、标准、奖惩等正式系统和价值观、信念、文化等非正式系统的综合，反映了组织需要什么样的行为，不需要什么样的行为。但由于不同部门或团队的领导自身具有差异，其在理解组织文化、将组织文化具象化的过程可能存在差异，也就导致了不同部门或团队成员所共同理解的道德文化差异。以往有关不道德行为的研究大多聚焦于团队道德氛围对成员不道德行为的影响（Arnaud & Schminke，2012）。与团队道德氛围类似，团队道德文化也会对团队成员的道德/不道德行为起到引导和制约的作用，但相关研究中涉及团队道德文化的还相对较少。因此，本研究将引入"团队道德文化"这一概念来进一步分析领导不道德亲组织行为对下属不道德亲组织行为产生影响的过程机制。

第六，相关研究表明，个体的道德/不道德行为决策还会因受到个体因素的影响而有所差异。在本研究中，我们首先将在个体层面分析员工的道德认同对内部人身份感知和道德推脱之间关系的调节作用，并检验道德认同对内部人身份感知→道德推脱→不道德亲组织行为这一间接效应的调节作用。根据 Aquino 和 Reed（2002）的观点，个体的自我认同是多面的，但是不同认同对自我概念的重要性存在差异，使得在某些情况下，某一种认同占据主导地位从而对个体行为产生影响。因此可以推测，当面临不道德亲组织行为决策时，具有高道德认同水平的员工对道德问题的敏感性更高，更不容易受到其作为组织内部人的角色认同和社会认同的影响；相反，对于低道德认同的员工来说，其组织内部人身份的角色认同和社会认同更占主导地位，因此更可能在内部人身份感知的影响下对不道德亲组织行为进行辩解，从而参与到该行为当中。其次，本研究将在团队情境中分析成员个体的相对主义道德意识对领导不道德亲组织行为和道德推脱之间关系的调节作用，并检验相对主义道德意识对领导不道德亲组织行为→道德推脱→下属不道德亲组织行为这一间接效应的调节作用。道德意识是个体在道德问题上所信奉的道德哲学和道德立场，其中，相对主义道德意识描述了个体对普适道德规范的拒绝程度以及认为对行为是否合乎道德的判断取决于当时情境的程度（Forsyth，1980）。因此在团队情境中，我们认为团队成员的不道德亲组织行为会受到团队领导（情境因素）的影响，但影响作用的大小也会因成员个体差异，特别是相对主义道德意识差异而有所不同。

2.9　本章小结

本章首先对不道德亲组织行为进行了文献回顾和综述，详细分析了不道德亲组织行为的概念、测量量表和影响因素。通过文献综述，我们发现现有研究对不道德亲组织行为的影响因素的探讨还比较有限，同时缺乏团队情境中不道德亲组织行为的研究。其次，本章对可能影响不道德亲组织行为的相关变量，包括组织支持感、内部人身份感知、道德认同、道德推脱、道德文化和道德意识进行了较为详细的文献综述，回顾了它们的概念内涵、测量量表和相关研究，并为后续的模型提出和假设推导奠定了基础。最后，本章分析了现有研究中存在的不足，提出了本研究的切入点和努力方向。

第3章　个体层面不道德亲组织行为的影响因素研究

3.1　理论基础与模型构建

3.1.1　社会交换理论

社会交换理论（social exchange theory）是组织行为学领域被广泛应用的社会心理学理论之一，能够为组织管理中的诸多现象和行为提供解释，并为相关研究的开展提供理论基础。根据社会交换理论，社会交换的双方在进行社会交换的过程中主要遵循互惠规范原则，换言之，社会交换关系中的当事人建立并维持这种交换关系是因为期待这样做会得到回报（Blau，1964；Cropanzano & Mitchell，2005；Gouldner，1960）。但由于社会交换过程包含了不确定的未来责任划分，在社会交换中，双方信任发挥着重要的作用，即社会交换关系中的彼此都相信，从长远来看，对方能够公平地履行自身的回报义务（Konovsky & Pugh，1994）。此外，社会交换关系的形成来自交换双方对非物质资源的给予、接受和回报（Blau，1964）。尽管回报行为是自愿的，但当其中一方没能履行回报义务时会遭受失去信任、声望受损、交换关系中断等"惩罚"（Gouldner，1960）。因此，社会交换理论的一个潜在逻辑是，个体通常会履行其回报义务。

从社会交换的角度来看，员工与组织之间除了经济性交换关系之外如员工付出劳动来换取报酬，也有心理的或社会性的交换，如员工感受到来自组织的支持、信任，通过组织成员身份所获得的自尊和威望等（Blau，1964）。由于在社会交换过程中，员工个体会遵从互惠原则（Gouldner，1960），即力图保持这种社会交换关系的平衡和持续，当员工感受到来自领导、同事和（或）组织较高的资源支持、情感关怀以及信任时，会产生积极的工作态度和回报组织的义务感。以此为逻辑，员工的组织公民行为、建言行为等角色外行为都可以看作员工与组织社会交换的产物。

不道德亲组织行为不是组织明文规定的也不是上级领导命令的，但它是员工出于对组织有利或帮助组织的目的而实施的行为（Umphress et al.，2010），属于角色外行为的范畴。作为不道德亲组织行为概念的提出者，Umphress 和 Bingham（2011）认为员工可能出于回报组织的目的而实施不道德亲组织行为。根据其定义，不道德亲组织行为背后的真正动机是"利组织"，即员工为了维护或提升组织利益、组织效能而实施的不道德行为。因此，员工很有可能在回报义务的驱使下来实施不道德亲组织行为，并以此作为对组织的回报。

组织支持感是基于社会交换理论而提出的概念，是指员工形成的关于组织是否重视其贡献、是否关心其利益和福利的总体看法和感知（Eisenberger et al.，1986），是员工与组织之间直接的交换关系。较高的组织支持感能引发员工的回报义务，并促使其更多地参与到组织公民行为等角色外行为当中（Farh et al.，2007）。然而，回顾现有研究，学者们尚未考察组织支持感是否会影响员工的不道德亲组织行为，因此，本研究的第一个研究内容是考察组织支持感对员工不道德亲组织行为的影响。

3.1.2　认同理论

在研究组织支持感对员工不道德亲组织行为的影响过程中，我们需要进一步探索这一影响的发生过程或机制是什么。在对组织支持感相关文献进行回顾的过程中，我们发现了内部人身份感知这一变量。该变量的提出者 Stamper 和 Masterson（2002）以社会交换理论为基础，指出当员工感知到来自组织的区别对待（不同程度的支持）时，会形成自己是组织内部人还是外部人的身份感知。具有较高内部人身份感知的员工会相应表现出对组织更高的归属感、承诺感和认同感（Chen & Aryee，2007），并更多地参与到积极的角色外行为当中来作为对组织承诺的回报。可以推测，员工感知到的组织支持感可以通过引发员工的内部人身份感知来促使其从事不道德亲组织行为。由于内部人身份感知的概念包含了"内部人""外部人"的区分，以及作为"主人翁"的身份认知，涉及了不同群体和角色的划分，我们将借助认同理论来解释员工的内部人身份感知是如何向不道德亲组织行为转化的。

认同理论分析了自我概念的形成和作用机制，并主要回答"我是谁""我应该怎么做？"的问题。随着认同理论的发展，出现了两个研究方向（Thoits & Virshup，1997），包括社会学视角的角色认同理论（role identity theory）和社会心理学视角的社会认同理论（social identity theory）（严鸣等，2011）。其中，角色认同理论认为，个体需要理解自我概念在社会互动和交往过程中的意义，即人们在社会中所承担的角色身份以及其他人对这些角色身份的描述和期待，并根据这些描述和期待来引导自己在社会中的行为（McCall & Simmons，1978；Stryker，1980；严鸣等，2011）。进一步地，形成了角色认同的个体会按照社会对该角色的描述和期待来调整和规范自己的行为使之与该角色相匹配（McCall & Simmons，1978；Stets，2006；Stryker，1980），即角色认同和相应的角色行为之间存在一致性。例如，在领导岗位上的人会将自己定义为"我是一个领导"，并按照他人对领导角色的期待来履行自己的行为责任，制定战略规划、管理日常工作等。由于个体在社会中不仅承担着某些角色，同时也是某些群体内的成员，因此还存在着群体生活中的自我概念（Stets，2006；Hogg et al.，1995）。社会认同理论就是以"群体"为研究单位，考察由于群体内共享的特质与其他群体所不同而形成的认同，并将社会认同定义为：群体内成员根据群体的共同特质来进行的自我定义（Tajfel，1978）。换言之，当个体成为某一群体成员时，会根据所在群体的特征来对自我概念进行定义，并觉得自身所体现出的更多是所在群体的共同特征而不是个人特征，即"我们是谁"（Hogg et al.，1995；Turner et al.，1987；严鸣等，2011）。此外，社会认同也会引导个体表现出相应的群体内行为，因为如果个体自身的行为与群内成员不一致时，会产生对自己群体身份的质疑（Turner et al.，1987）。

总而言之，角色认同是对个体身份特征的描述，是与他人不一致的感知，而社会认同则是对群体身份特征的描述，是内外群体间的差异和不一致（Markus & Kitayama，1991）。但两者都探讨了个人自我概念与社会的关系，即人们如何根据角色身份和所在群体来定义自己，以及这些自我概念如何引导人们进行社会交往和互动（Thoits & Virshup，1997；严鸣等，2011）。

在本研究中，我们认为员工内部人身份感知的行为使之形成了相应的角色认同和社会认同，从而引导其做出与之相一致的行为。具体而言，内部人身份感知首先是作为组织"内部人""主人翁"身份角色的感知，较高的内部人身份感知意味着员工对其作为"内部人"角色有较高的认同感，相应地也会以组织"主人翁"的心态来表现出自己的行为，例如认为自己对维护组织利益、帮助组织发展负有不可推卸的责任。其次，内部人身份感知也意味着员工对于作为组织内成员身份的感知，形成了对所在组织的认同感，从而使其表现出与组织成员身份一致的行为，如将组织利益置于组织外其他群体的利益之上。由于不道德亲组织行为是员工为了维护或提升组织利益而做出的伤害组织外其他群体利益的不道德行为，本研究的第二个研究内容是考察内部人身份感知在组织支持感和不道德亲组织行为之间的中介作用。

3.1.3　基于社会认知的道德认同理论

在之前的论述中，我们从社会交换的角度分析了员工可能出于回报组织的目的来实施不道德亲组织行为，即在员工看来，不道德亲组织行为是一种对组织有利的积极行为。同时我们需要意识到，不道德亲组织行为虽然对组织有利，但由于其损害了其他群体的利益，其本质上仍然属于不道德行为。有关道德/不道德行为的研究发现，个体的道德决策和行为也会受到个体特质等因素的影响。也就是说，具有某些特质的个体可能相比于其他人来说更容易参与到不道德行为当中。其中，道德认同就是一个相对稳定的个体差异变量（Aquino & Reed，2002；Shao et al.，2008），且对个体的道德决策和道德行为都有显著的稳定的影响作用。

社会认知理论认为，个体的信息加工能力是有限的，往往不能完全处理特定情境下的所有信息，因而需要发展出一个可以对信息进行综合或分类的系统来提升信息加工能力，这一系统就是图式。图式是一组高度抽象的知识结构，一旦形成就会在个体的认知过程中发挥作用，通过对注意、知觉、推理等认知过程进行影响而使得个体在与环境进行互动时表现出能动性（黄华，2012）。以社会认知理论为基础，Aquino 和 Reed（2002）提出了以道德特质为基础（trait-based）的道德认同概念，并认为道德认同是围绕与道德有关的特质而组织起来的自我概念。根据 Aquino 及其同事（2002，2005）的观点，个体的道德认同作为一个复杂的知识结构储存在其记忆系统中，包括道德相关的价值观、目标、特质和行为脚本等，会对个体的道德判断和道德行为产生影响。

道德认同对道德判断和道德行为的影响还取决于道德自我图式的可及性（accessibility），即道德自我图式是否处于启动状态。道德认同作为一种自我图式，如果在自我概念当中占据了中心或重要位置时，就成为了一个可及的自我图式，且容易在相应的情境中被启动（Aquino et al.，2009；黄华，2012）。道德自我图式的可及性也可以用 Markus 和 Kunda（1986）的观点来解释，他们认为个体的自我概念是一个包含着多重认同的复杂系统，在给定的情境下，只有部分认同能处于启动状态成为工作的自我概念（working self-conspet）。广义上讲，道德认同是个体自我认同的一个方面，当道德认同处于启动或工作状态时，会促使个体做出相应的道德行为；相反，当个体自我概念系统中别的认同处于启动状态时，个体会表现出与该认同所一致的行为。因此，不同个体的道德认同在其自我概念当中所占据的位置不同，使得个体间存在差异；同时，同一个体的道德认同在不同情境下的启动状态可能不同，这又使得道德认同表现出一定的波动性。

当道德自我图式处于启动状态时，个体可以更加高效地处理道德相关的信息。因此，当个体的道德认同在自我概念中占据比较重要位置，即个体的道德认同水平较高时，个体会倾向于做出与道德品质相一致的行为（Bolton & Reed，2004）。相关实证研究也表明，道德认同是道德倾向转化成道德行为的重要自我调节机制，是激发道德行为的重要动机（Aquino et al.，2011；Hardy & Carlo，2005；Sage et al.，2006）。同时，由于道德认同增加了个体的道德敏感性、道德判断和道德关注，具有较高道德认同的个体也会表现出较少的欺骗、攻击、报复等消极行为倾向（Reed et al.，2007）。

综合以上分析，可以推测，相较于道德认同水平较低的员工，具有高道德认同水平的员工会更坚持自我道德原则，并表现出于道德原则相一致的行为（Reynolds & Ceranic，2007），他们会按照自己所理解的一个有道德的人的行为方式来行事，否则就会感到不一致和自责（Aquino et al.，2009），即高道德认同的员工会实施较少的不道德亲组织行为。因此，本研究的第三个研究内容是考察道德认同对不道德亲组织行为的影响作用。

3.1.4　道德推脱机制

Umphress 和 Bingham（2011）在其不道德亲组织行为的理论模型中指出，不道德亲组织行为是组织成员去道德化的结果。去道德化（neutralization）是指某种行为的道德或伦理要求被掩盖、被忽略或被排除的过程（Bandura，1999）。通过去道德化过程，个体可以忽略或抹去其行为中的不道德成分，避免自己受到道德规范的约束，也可以降低自己因实施不道德行为而感到的内疚和自责（夏福斌，2014）。Bandura（1986）提出的道德推脱机制就具体地描述并解释了个体如何忽略或抹去不道德行为当中的不道德成分，以及做出不道德行为之后为什么不会有内疚、羞愧等道德情绪的产生。道德推脱（moral disengagement）是指，个体为其实施的有害或不道德行为进行辩解和合理化的过程，从而使得他们实施了有害或不道德行为之后不会受到来自社会或自我的谴责（Bandura，1986，1999）。在第2章中，我们已经介绍了道德推脱使道德自我调节功能失效的三种主要方式（Bandura，1996，1999），即个体通过对不道德行为进行重新定义（reconstrue immoral conduct）、降低或歪曲行为后果（obscure or distort harmful consequences）和贬低受害者（devalue the target）三种主要方式来进行道德推脱，并使自己能心安理得地实施不道德行为。

道德推脱机制可以有效地解释为什么个体会做出不道德行为，以及做出不道德行为之后为什么不会有内疚、羞愧等道德情绪的产生，以往研究已经发现，道德推脱对员工的不道德行为有显著的正向影响（Welsh et al., 2013），不道德亲组织行为的相关研究也发现了道德推脱在前因变量与不道德亲组织行为之间的中介作用（Chen et al., 2016）。其基本逻辑是，在某种内部或外部因素的刺激下，个体的道德推脱机制被激活，从而对原本的道德自我调节机制产生干扰、使其失效，进而使得个体心安理得地做出不道德行为。因此，本研究将进入道德推脱这一变量来进一步解释员工实施不道德亲组织行为决策过程中的认知变化过程。

首先，高水平的内部人身份感知可能扮演着激活员工个体道德推脱机制的角色，其作为组织内部人身份的强烈认知导致员工在面临行为决策时，更可能强调不道德亲组织行为的亲组织成分，忽略其不道德成分，即通过道德推脱来实施不道德亲组织行为。其次，个体的道德推脱机制敏感性本身也存在着个体差异（Skarlicki et al., 2008），具有高道德认同的员工由于其道德自我调节机制更强而更不容易产生道德推脱倾向。因此，本研究的第四个研究内容是考察道德推脱在内部人身份感知和不道德亲组织行为，以及道德认同和不道德亲组织行为之间的中介作用。

综上所述，本研究提出员工从事不道德亲组织行为可能存在的两种原因：其一是从社会交换的角度提出，当员工感知到来自组织的支持时，会形成内部人身份感知，从而增加了作为组织主人翁的角色认同和作为组织成员的组织认同感，并进一步驱使其将组织利益置于组织外其他群体的利益之上，并通过道德推脱机制来对不道德亲组织行为进行辩解，强调其亲组织成分同时忽略其不道德成分，从而参与到不道德亲组织行为之中来作为对组织的报答，即组织支持感→内部人身份感知→道德推脱→不道德亲组织行为。其二是从社会认知的角度提出，员工个体自身的道德自我调节机制的强弱程度也会对其是否实施不道德行为产生影响，也就是说员工是否实施不道德亲组织行为本身存在着个体差异性。具体地，当员工的道德认同水平较低时，道德相关特质在其自我概念当中的重要性程度也比较低，员工不太会以"做一个有道德的人"来要求自己，也难以表现出较高的道德敏感性和道德判断能力，其道德自我调节机制对自身不道德行为的约束能力也较弱，因此当面临不道德亲组织行为决策时极有可能通过道德推脱来为自己进行辩解，即道德认同→道德推脱→不道德亲组织行为。

最后，我们需要意识到，在现实的组织情境中，这两种原因可能是同时存在的。例如，形成了同样程度内部人身份感知的员工在进行不道德亲组织行为决策时也会受到其各自道德自我调节机制的影响，相比于道德认同感高的员工来说，道德认同感较低的员工更有可能通过道德推脱来实施不道德亲组织行为。因此，本研究最后将考察道德认同对内部人身份感知→道德推脱→不道德亲组织行为这一间接效应的调节作用，该理论模型如图3-1所示。

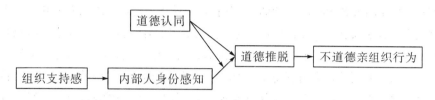

图 3-1　个体层面员工不道德亲组织行为影响因素模型

3.2　假设推导

3.2.1　组织支持感与不道德亲组织行为

组织支持感描述了员工感受到的组织是否重视他们的贡献，是否关心他们的福利待遇的总体知觉，也是促使其为组织做出贡献的重要原因。组织支持反映了组织对员工的"承诺"，表现在给予员工肯定和尊重，奖励和晋升机会，以及当员工需要时提供必要的信息和资源支持（Rhoades & Eisenberger，2002）。根据社会交换理论，高水平的组织支持感会促使员工形成一种回报组织的信念，并表现出更高的组织承诺（Chen et al.，2005；Lee & Peccei，2007）、留职意愿（Loi et al.，2006）和工作表现（Muse & Stamper，2007；Zhong et al.，2016），形成积极的工作态度（Allen et al.，2003），并更多地参与到支持组织目标的角色外行为当中（Eisenberger et al.，2001）。实证研究结果也表明，组织支持感有利于增加员工的组织公民行为、建言行为等积极的角色外行为（Miao et al.，2012；Moorman et al.，1998；Wayne et al.，2002；Zhong et al.，2016）。

不道德亲组织行为员工自发实施的，不属于组织规定或领导要求的，以促进组织有效运作或其成员有效工作为目的，同时又违反了社会道德规范的行为，属于角色外行为。在员工看来，其实施不道德亲组织行为的目的在于维护和提升组织利益，是一种亲组织行为。因此，当员工感知到较高水平的组织支持感时，可能出于回报组织的目的来实施不道德亲组织行为。具体而言，组织支持感首先增加了员工的回报义务（Eisenberger et al., 2001）。较高的组织支持感意味着员工得到了组织更多的肯定和尊重、晋升机会以及资源支持等，根据社会交换的互惠原则，员工会认为自己有义务增加对组织的付出来作为对组织的回报。其次，组织支持感能增加员工对所在组织的责任感（Arshadi, 2011; Donsbach & Shanock, 2008），使得员工认为自己对组织的发展和目标实现负有责任和义务，从而使得员工愿意投入更多的时间和精力来从事对组织有利的行为、帮助组织实现发展目标。最后，由于组织支持感能满足员工的自尊、认可、归属等社会情感需要（Armeli et al., 1998），使得员工在组织内感觉到自己的存在价值、舒适以及归属感，并增加员工组织的认同感。对组织有强烈认同感的员工会将组织的得失视为自己的得失（Mael & Ashforth, 1992），因此员工愿意为了维护组织形象、提升组织利益等贡献出自己的力量。

因此，可以推测，当员工感知到较高的组织支持感时，会产生回报组织的义务感，对组织有较强的认同感，并认为自己对组织目标实现和长远发展负有不可推卸的责任，会更看重组织和组织成员的利益，从而更有可能为了维护和提升组织利益而实施不道德行为。此外，Umphress 和 Bingham（2011）在其不道德亲组织行为的理论模型中提出，员工可能出于回报组织的目的来实施不道德亲组织行为，员工的积极回报信念也会对其不道德亲组织行为产生正向的影响作用（Umphress et al., 2010）。同时，有研究表明高质量的领导–成员交换关系对员工不道德亲组织行为有正向影响作用（林英晖 & 程垦，2016）。因此，综合以上分析，本研究提出以下假设：

H1：组织支持感对员工不道德亲组织行为有正向影响。

3.2.2　内部人身份感知的中介作用

内部人身份感知是指员工感知到的其作为组织内部人的程度，组织支持感在员工内部人身份感知的形成过程中扮演着重要角色（Stamper & Masterson, 2002）。这是由于，员工在确定自己是否属于组织内部人时，必须要先相信组织尊重他/她的利益和重视其贡献。从组织方面来看，组织通过提供不同的机会和奖励来区分"明星员工"和"普通员工"，这种区别性对待方式就可能导致一些员工感觉到自己对组织来说很重要，另一些员工感觉自己对组织来说可有可无。因此，当组织通过各种支持性政策或措施给予员工需要的资源、关怀和肯定时，员工会产生瞩目感和中心位置感，相应地也容易形成内部人身份认知。相反，如果组织对员工漠不关心，传递出该员工对组织并不重要的信息时，员工就不会把自己归为内部人。因此，当员工感知到较高的组织支持感时会相应地提升内部人身份感知。

进一步地，员工内部人身份感知的形成会促使其更容易实施不道德亲组织行为。首先，内部人身份感知反映了员工个体对于自己作为组织"内部人"角色身份的认同程度（Chen & Aryee，2007）。根据角色认同理论，员工会表现出更多与自己"内部人"角色所一致的行为，并努力实现组织对其角色的期待。因此，高水平的内部人身份感知意味着员工对自己所在的组织有一种主人翁心态，并形成了对组织较高的责任感和义务感，认为自己对组织发展和组织目标的实现负有不可推卸的责任。相应地，他也会更多地参与到对组织有利的行为当中。不道德亲组织行为是一种对组织有利的不道德行为，在面临行为决策时，相比于内部人身份感知较低的员工，高内部人身份感知的员工可能会认为自己理应比他人应该付出和承受更多，即自己更有义务和责任去承担该行为可能带来的风险和后果，从而更有可能实施不道德亲组织行为。

其次，员工的内部人身份感知不仅仅是员工个体对于自己作为"内部人"角色身份的认同，同时也是自己作为组织内成员身份的社会认同。根据社会认同理论，社会认同是指个体意识到他/她从属于某一特定的社会群体，同时也感受到作为该群体一员的情感意义和价值意义（Tajfel，1978）。当个体对所在群体形成了强烈的认同感后，会努力提升自己所在群体的优势，从而使内群体与外群体相区别，从而达到提升自我的目的。因此，具有较高内部人身份感知的员工会为了维护和提升自己所在组织的地位、形象等而付出努力，如向外界隐瞒对组织不利的消息来维护组织形象。此外，由于群体间偏见的存在，个体会将自己所在群体的利益置于其他群体的利益之上（Galperin et al.，2011）。由于不道德亲组织行为就是一种以牺牲组织外其他人的利益来换取组织利益的行为，可以推测，高内部人身份感知的员工更可能忽略组织外其他人的利益是否受到损害而参与到不道德亲组织行为当中。

综合以上分析，我们认为，当员工感受到高水平的组织支持时，更容易形成内部人身份感知，而内部人身份感知则增加了员工参与到不道德亲组织行为中的可能性。可以推测，组织支持感会通过内部人身份感知的中介作用间接影响员工的不道德亲组织行为。故，本研究提出以下假设：

H2：内部人身份感知在组织支持感和不道德亲组织行为之间发挥中介作用。

3.2.3 道德认同与不道德亲组织行为

个体的道德认同与职业认同、性别认同等一样，是个体自我概念的重要组成部分。道德认同具体是指围绕一系列道德特质所组成的自我概念，反映了道德在个体自我概念中的重要程度（Aquino & Reed，2002），即人们在多大程度上认为成为一个有道德的人、实施道德的行为对自己来说很重要，并愿意为之付出努力和代价。由于渴望成为一个有道德的人，并且将道德认同视作自我概念中的重要成分，具有高道德认同的个体通常能够比较迅速、持久地激活头脑中有关道德的知识（Aquino et al.，2009）。此外，由于人们普遍希望保持自我和谐和自我一致性，道德认同也是道德动机的重要源泉，具有高道德认同的个体更容易表现出与其道德自我相一致的道德决策和行为（Hannah et al.，2011；Reynolds & Ceranic，2007）。

道德认同在激发个体道德行为方面具有主导作用（Damon & Hart，1992）相关元分析结果也表明道德认同与个体的亲社会行为、道德行为有显著的正相关关系，与反社会行为有显著的负相关关系（Hert & Krettenauer，2016）。由于不道德亲组织行为本质上是一种不道德行为，在维护组织利益的同时损害了组织外其他利益相关群体（如顾客）的利益。我们认为，员工个体的道德认同对其不道德亲组织行为有负向影响作用，即当员工道德认同水平较低时，更容易参与到不道德亲组织行为当中。对于道德认同水平较低的员工，道德相关特质在其自我概念中的重要性也比较低，使得这些员工在面临不道德亲组织行为决策时难以坚持自己的道德原则。相反，道德认同水平较高的员工往往会表现出与其道德原则相一致的行为，并要求自己按照有道德的人的行为方式来行事，否则就会感到不一致的自责。此外，具有高道德认同的个体会更关心外群体的需要和福利（Hardy，2006；Reed & Aquino，2003；Sage et al.，2006；林志扬等，2014；王兴超 & 杨继平，2013），因而也不太可能牺牲组织外其他人的利益来维护组织利益。

因此，综合以上分析，本研究提出以下假设：

H3：员工的道德认同水平对不道德亲组织行为有负向影响。

3.2.4 道德推脱的中介作用

道德推脱是个体为其实施的有害或不道德行为进行辩解和合理化的过程，可以干扰个体内部的道德自我调节机制，使其失去自我调节作用，从而能够心安理得地参与到不道德行为当中。道德推脱理论认为（Bandura et al.，1996；Bandura，2002），个体的道德行为受到内部自我调节机制的引导和监控，从而更多地实施"好"的行为并减少"坏"的行为。但在抑制不道德行为方面，自我调节机制可能受到其他因素的干扰从而失去作用（Bandura，2002）。道德推脱就是这样一个干扰因素，现有研究已经发现，道德推脱是影响个体不道德行为的一个重要变量。例如，Moore（2008）最早从理论角度分析了道德推脱可能对员工不道德行为产生的影响。之后的实证研究也发现，道德推脱不仅会影响员工的道德决策（Tillman，2011），还会对员工的反生产行为、偏差行为等不道德行为产生显著的正向影响作用（Christian & Ellis，2014；Claybourn，2011；Samnani et al.，2014）。具体而言，道德推脱主要从三个方面来使道德自我调节机制失去作用（Bandura，1999，2002）：重新定义（reconstrue immoral conduct）、降低或歪曲行为后果（obscure or distort harmful consequences）和贬低受害者（devalue the target）。

不道德亲组织行为的行为目的虽然是使组织受益，但本质上属于不道德行为的范畴，在组织受益的同时伤害了组织外其他人的利益。在之前的分析中，我们提出了员工可能出于回报组织的目的来实施不道德亲组织行为。进一步地，我们提出员工内部人身份感知以及相应的回报义务感会触发员工的道德推脱机制，使其通过一系列的认知加工过程来对该行为进行辩护，使其道德的自我调节失效，从而更心安理得地参与到该行为当中。第一，具有较高内部人身份感知的员工通常对组织目标和组织价值观的认同度更高，因此更容易将不道德亲组织行为定义为实现组织目标的必要手段。例如，认为向顾客隐瞒产品缺陷只不过是正常的销售手段。第二，具有较高内部人身份感知的员工更容易强调组织利益而忽视组织外部其他群体的利益，因此更容易低估不道德亲组织行为的后果严重性。如，认为通过夸大产品功能来提升销量的行为对客户并没有太大的损害。第三，具有较高内部人身份感知的员工由于群体间偏见（intergroup bias，Hewstone et al.，2002）的存在，更对该行为的承受者进行非人性化处理或责备归因。如，认为如果客户被欺骗了也是因为他们自己没有分辨能力。因此，内部人身份感知会增加员工进行道德推脱的倾向。

同时，在道德推脱的作用下，员工更容易忽略或抹去不道德亲组织行为的不道德成分。如上所分析的，道德推脱的作用在于通过重新定义、降低或歪曲行为后果以及贬低受害者三种方式来减少不道德行为中的不道德成分，降低自己在该行为当中所应承担的责任。换言之，当个体员工通过一系列的认知加工过程，发现能够为其不道德亲组织行为进行辩护时，其道德的自我调节机制就会失效，进而使其通过道德推脱维持对自身有利的观点。从而，在他们看来，不道德亲组织行为不再是不道德的了，甚至可能是为了维护组织利益而实施的"正义"行为。

基于以上分析，本研究认为，具有高水平内部人身份感知的员工由于与组织建立了较强的联系，对组织有较高的认同感和承诺感，甚至产生与组织荣辱与共的责任感和义务感，在这些积极情感的驱使下，更容易在认知上对不道德亲组织行为进行重新定义，使其看起来完全是为了组织利益的不得已而为之。也就是说，员工作为组织内部人身份的感知增加了其道德推脱的倾向，并为自己的行为进行辩解，从而使其更心安理得地参与到不道德行为当中。

因此，本研究提出以下假设：

H4：道德推脱在内部人身份感知和不道德亲组织行为之间发挥中介作用。

假设 2 提出组织支持感通过内部人身份感知的中介作用来影响员工的不道德亲组织行为，假设 4 进一步分析了道德推脱在内部人身份感知和不道德亲组织行为之间的中介作用。结合假设 2 和假设 4，本研究认为当员工感受到组织给予的各种资源、机会支持，特别是感受到相比其他员工的区别对待时，能感受到组织对其的重视和关心，自尊、归属感、责任感等社会情感需要得到满足，相应地形成了自己身为组织内部人的感知。内部人身份感知的形成又进一步加强了员工与组织的联结，使得员工将自己的命运与组织命运联系起来，愿意为了组织的目标和利益而付出额外的努力，特别是会要求自己以一个内部人的身份来行使作为组织一员的责任。当面临需要为了实现组织利益而放弃个人道德原则的困境时，他们更容易从认知上对该行为进行辩解，强化不道德亲组织的亲组织成分，忽略不道德成分，从而更容易实施不道德亲组织行为。

因此，本研究提出以下假设：

H5：组织支持感通过内部人身份感知和道德推脱的链式中介作用正向影响不道德亲组织行为。

根据之前的论述，道德推脱是个体为其行为，特别是不道德行为进行合理化辩护的认知过程，可以用来解释为什么人们能心安理得地参与到不道德行为当中。即，道德推脱机制通过对个体道德自我调节功能进行干扰，使其失效，从而使得个体能够心安理得地参与到不道德行为当中。此外，相关研究发现，不同的个体差异会导致道德推脱的敏感性不同（Skarlicki et al., 2008），特别地，个体的道德认同能起到弱化道德推脱机制的作用（Aquino et al., 2007；Hardy et al., 2015）。因此，我们进一步提出，员工的道德认同水平会影响其道德推脱机制。具体地，我们认为当员工的道德认同较高时，更不容易启动道德推脱机制来为其不道德亲组织行为进行辩解。

首先，道德认同会影响个体对道德责任的判断并使其努力维持自我一致性和道德完整性（Schlenker et al., 2009）。也就是说，道德认同能够引导个体实施与其道德自我概念相一致的道德行为，并且高道德认同者更可能利用道德的自我调节机制来引导和规范行为（占小军，2017）。其次，道德认同会增强个体对道德情绪的体验，如实施不道德行为后产生的内疚等（Johnston & Krettenauer，2011）。道德情绪对道德/不道德行为具有较好的预测作用，个体为了避免或减少内疚、愧疚等消极道德情绪的产生往往不会参与到不道德行为当中。最后，由于道德认同增加了道德相关知识和特质的可获得性，使得个体具有更高的道德敏感性（Lapsley & Hill，2009；Sparks，2015）。这就导致个体在面对不道德行为决策时更不容易忽略该行为中的不道德成分。

因此，在面临不道德亲组织行为决策时，高道德认同的员工的道德自我调节机制更强，更不易受到其他因素干扰，并且表现出更高的道德敏感性，更不容易忽略该行为中的不道德成分，也更不愿意伤害其他人，即通过道德推脱来为自己辩解的可能性也较低。相反，低道德认同的员工更容易忽略组织外其他群体的感受和利益，也更有可能通过道德推脱机制来为自己的不道德行为进行开脱和辩解，从而参与到不道德亲组织行为当中。

综合以上分析，我们提出以下假设：

H6：道德推脱在员工道德认同与其不道德亲组织行为之间发挥中介作用。

3.2.5 道德认同的调节作用

在之前的论述中，我们分析了员工实施不道德亲组织行为可能存在的两种原因：其一是当员工感知到来自组织的支持时，出于对组织的回报而实施的不道德亲组织行为，即"报恩"视角；其二是员工自身可能道德认同水平较低，难以用较高的道德标准来要求并约束自己的行为，从而参与到不道德亲组织行为当中，即"坏苹果"视角。但是在现实的组织情境中，实施了不道德亲组织行为的员工可能同时具有上述两种原因。例如，员工出于回报组织的目的而实施不道德亲组织的决策过程中也会受到其自身道德特质的影响而表现出个体差异性。因此，在这一部分中，我们将进一步探讨内部人身份感知和道德认同共同对道德推脱以及不道德亲组织行为产生的影响。

首先，我们认为内部人身份感知对道德推脱的正向影响作用会受到员工道德认同水平的调节作用。在假设2和假设4中我们提出，当员工感知到来自组织较高的支持时，会形成内部人身份感知，进一步会增加自己作为组织"主人翁"的角色认同感和对作为组织成员的组织认同感，在这两种认同感的作用下，员工更倾向于将组织的利益置于组织外其他人的利益之上，并且愿意为了维护组织利益而牺牲他人的利益去做出不道德的行为。与其他认同类似，道德认同也是个体自我概念的一个重要维度（Chen & Aryee，2007），反映的是道德相关特质在个体自我概念中的重要程度，即成为一个有道德的人对个体来说是否重要。根据认同的多重性观点（Aquino & Reed，2002；Markus & Kunda，1986），个体的自我概念是由各种认同（如职业认同、性别认同等）所组成的，但是每种认同在个体自我概念当中的重要性有所不同，其中占主导地位的、凸显的认同对其行为更具指导作用。因此，可以推测，当员工的道德认同水平较高时，"做一个有道德的人"的信念在其自我概念当中占据比较重要的位置，相应地也使得"主人翁"角色认同和组织认同在自我概念当中的重要程度下降，从而使得员工回报组织的动机减少。相反，当员工的道德认同水平较低时，道德特质在其自我概念当中的重要程度也较低，相对而言，角色认同和组织认同以及由此产生的回报组织的动机更加凸显，从而使得员工更容易通过道德推脱机制来强调不道德亲组织行为的亲组织一面，而忽略其不道德的一面。其次，当员工的道德认同水平较高时，其头脑中储存的与道德相关的知识、记忆等也更容易被激活和提取，会表现出较高的道德敏感性，在面临不道德亲组织行为的决策时也更不容易忽略该行为当中的不道德成分，即减少了通过道德推脱来为自己辩解的倾向。相反，当员工的道德认同水平较低时，道德敏感性降低，更容易通过道德推脱来忽略或抹去不道德亲组织行为当中的不道德成分。

综合以上分析，员工的内部人身份感知对道德推脱的影响会因其道德认同水平的不同而产生差异，即相比于低道德认同的员工，具有高道德认同的员工更倾向于坚持自己的道德原则和底线，更不容易受到内部人身份感知的影响而对自己的行为进行辩解从而做出不道德亲组织行为。因此，本研究提出以下假设：

H7：道德认同调节内部人身份感知和道德推脱之间的关系，当道德认同水平较高时，内部人身份感知和道德推脱之间的正向影响关系减弱；反之，则增强。

在假设 4 中我们提出了道德推脱在内部人身份感知与不道德亲组织行为之间的中介作用，结合假设 7 的分析，可以推测，高道德认同的员工由于其道德自我调节机制更强，并且具有较高的道德敏感性，在面临不道德亲组织行为决策时更不容易忽略其中的不道德成分，也不太可能参与到不道德亲组织行为当中。因此，本研究进一步提出道德认同对道德推脱中介作用的被调节中介假设：

H8： 员工道德推脱在内部人身份感知与不道德亲组织行为之间的中介作用受到道德认同的调节作用，当道德认同水平较高时，该中介作用效应减弱；反之，则增强。

3.3 研究方法

3.3.1 问卷设计、研究样本与程序

（1）问卷设计

根据本研究的研究目的和理论模型，本研究拟采用问卷调查的方式来取得数据并进行假设检验。问卷设计主要按照以下过程实施：

首先，明确各主要研究变量的概念内涵，并选择合适的测量量表。本研究以文献综述为基础，首先对研究中涉及的各主要变量的概念内涵进行界定和明确。其次，找出现有的成熟量表，比较其在现有实证研究中的信度和效度，结合本研究目的与研究需要，选出较为合适的测量量表。再次，我们根据 Brislin（1986）的建议，对英文量表采用翻译→回译→翻译的步骤来获得中文版测量量表。最后，编制调查问卷，并编写封面语。在编制调查问卷的过程中，为了确保被调查对象能够准确地理解测量题项的表述内容，我们对各主要变量进行了一定的分隔，并附上了详细的引导语。在封面语中，我们详细介绍了本次调查的研究目的、填写注意事项等，并强调本次调查所取得的数据仅做学术研究之用，所有的个人信息和所填内容都会予以严格保密，从而尽量消除问卷填写者的顾虑，确保其能如实填写。

（2）研究样本与程序

本研究采用问卷调查方法，研究样本来自国内西南地区某国有企业的员工。在开展正式调查之前，研究者事先和企业负责人进行了沟通并获得其许可。之后，企业负责人安排了人力资源部专员配合研究者开展问卷调查。在人力资源部专员的协助下，研究者获得了企业员工花名册，通过随机抽样的方式选取了部分员工参与问卷调查，并对员工进行编码，以便不同时间点收集的问卷相匹配。

为了减小共同方法偏差的影响，本研究的问卷发放将分两个时间点（时间间隔为 1 个月）进行（Podsakoff et al., 2003）。问卷发放主要采取委托调研的方式，研究者事先将编码过的问卷放入信封，信封上写有问卷填写人的姓名，交由该企业的人力资源部专员负责将问卷发放到填写人手上。问卷发放

前，研究者与人力资源部专员进行了充分的沟通，详细告知调查目的以及问卷填写注意事项等。员工填写完毕后将问卷放回信封进行密封，并将信封封面上的姓名条撕掉，从而确保填写的匿名性和保密性。最后研究者统一收回问卷进行整理，将有大量空白或填写不认真的问卷予以剔除，并将两次问卷调查所取得的数据根据员工编码进行匹配来得到最终的调查样本。第一阶段问卷调查中，员工主要汇报了其感知到的组织支持感和道德认同水平；第二阶段问卷调查中，员工汇报了自己的不道德亲组织行为、内部人身份感知、道德推脱和个人基本信息。

第一阶段问卷调查（时间点 1）总计发放员工问卷 802 份，问卷回收后剔除掉有大量空白或填写不认真的问卷之后得到有效问卷 610 份，有效回收率为 76.06%。在第二阶段问卷调查中（时间点 2，中间间隔 1 个月），我们针对这 610 名员工再次发放了问卷，问卷收回后研究者对无效问卷进行筛查和剔除，并将两次问卷调查所取得的数据进行匹配，最终得到有效样本 533 个，有效回收率为 87.38%。

样本基本信息如表 3-1 所示。从样本基本情况来看，男性员工占 68.5%，女性员工占 31.5%；在年龄方面，25 岁及以下的员工占 17.6%，26~29 岁的员工占 23.5%，30~34 岁的员工占 14.3%，35~39 岁的员工占 12%，40~44 岁的员工占 13.7%，45~49 岁的员工占 11.1%，50~54 岁的员工占 7.9%；在受教育水平方面，初中或以下学历的员工占 14.1%，高中或相当程度的占 37.9%，大专学历的占 34.7%，本科学历的占 12.9%，研究生学历的占 0.4%；在任职时间方面，1 年以下的占 0.4%；1~3 年的占 22.9%，4~6 年的占 17.4%，7~9 年的占 25.3%，10~12 年的占 7.1%，12 年以上的占 26.8%。

表 3-1　员工样本人口统计学变量分析（N=533）

人口统计学变量	类别	样本数	百分比/%
性别	男性	365	68.5
	女性	168	31.5

表3-1(续)

人口统计学变量	类别	样本数	百分比/%
年龄	25 岁及以下	94	17.6
	26～29 岁	125	23.5
	30～34 岁	76	14.3
	35～39 岁	64	12.0
	40～44 岁	73	13.7
	45～49 岁	59	11.1
	50～54 岁	42	7.9
受教育水平	初中或以下	75	14.1
	高中或相当程度	202	37.9
	大专	185	34.7
	本科	69	12.9
	研究生	2	0.4
任职时间	1 年以下	2	0.4
	1～3 年	122	22.9
	4～6 年	93	17.4
	7～9 年	135	25.3
	10～12 年	38	7.1
	12 年以上	143	26.8

3.3.2 研究变量的概念界定及测量

本研究中所使用的测量量表都翻译自国外已开发的成熟量表，遵循了翻译→反译的过程来确保量表的表述正确（Brislin，1986），最终编制成中文调查问卷进行数据收集。以下将对本研究中所涉及研究变量的概念进行界定并对所使用量表进行介绍。

（1）不道德亲组织行为

根据 Umphress 和 Bingham（2011）的定义，本研究中的不道德亲组织行为是指，员工个体做出的能促进组织有效运作或其成员有效工作的，同时违反了核心社会价值观、道德习俗、法律及正当行为规范的有意行为。

不道德亲组织行为的测量采用了 Umphress 等人（2010）开发的不道德亲组织行为测量量表。该量表用于测量员工自我汇报的不道德亲组织行为，共有 6 个题项，示例题项如"出于公司利益考虑，我会隐瞒事实以使公司看起来更好""如果有必要，我会向公众隐瞒有损公司形象的信息"。采用 Likert 7 级量表计分，1 表示"非常不同意"，7 表示"非常同意"。不道德亲组织行为测量量表见表 3-2。

表 3-2　不道德亲组织行为测量量表

1. 出于公司利益考虑，我会隐瞒事实以使公司看起来更好。
2. 出于公司利益考虑，我会向顾客或客户夸大我们公司的产品和服务质量。
3. 出于公司利益考虑，我会向顾客或客户隐瞒关于我们公司或产品的负面信息。
4. 如果有必要，我会拖延向公司的供应商支付货款。
5. 如果有必要，我会向公众隐瞒有损公司形象的信息。
6. 如果有必要，我会向其他公司推荐一个不能胜任工作的同事，以使其成为其他公司的麻烦

（2）组织支持感

根据 Eisenberger 等（1986）对组织支持感的概念界定，本研究中的组织支持感是指，员工感受到的组织重视其贡献以及关心其利益的程度的总体看法。

组织支持感的测量选取自 Eisenberger 等（1986）开发的组织支持感量表，该量表原有 36 个题项，本研究参考了其他学者的做法（Stamper & Johlke，2003；Sluss et al.，2008），选择了 6 个因子载荷最高的题项来进行测量。示例题项如"我所在的公司确实很顾及我的福利""我所在的公司很重视我做出的贡献"。采用 Likert 7 级评分法，1 表示"非常不同意"，7 表示"非常同意"。组织支持感测量量表见表 3-3。

表 3-3　组织支持感测量量表

1. 我所在的公司确实很顾及我的福利。
2. 我所在的公司很关心我的个人目标和价值实现。
3. 我所在的公司很重视我做出的贡献。
4. 我所在的公司很重视我提出的观点或意见。
5. 当我有困难时，我所在的公司会帮助我。
6. 总的来说，我所在的公司对我的支持很大

（3）内部人身份感知

根据 Stamper 和 Masterson（2002）对内部人身份感知的概念界定，本研究中内部人身份感知是指，员工感知到的其作为组织内部人的程度。

内部人身份感知的测量采用了 Stamper 和 Masterson（2002）开发的量表，该量表共有 6 个题项，其中包括 3 个反向计分题项，为避免问卷过长导致填写者倦怠从而降低填写质量，本研究中删除了 3 个反向计分题项，仅保留 3 个正常题项。示例题项如，"我所在的公司让我感到有归属感""我觉得我在这个公司中是'自己人/内部人'"。采用 Likert 7 级评分法，1 表示"非常不同意"，7 表示"非常同意"。内部人身份感知测量量表见表 3-4。

表 3-4　内部人身份感知测量量表

1. 我感觉我是公司中很重要的一员。
2. 我所在的公司让我觉得我是属于这个组织的。
3. 在公司中，我感觉自己是个"内部人"。

（4）道德推脱

由于道德推脱是一个相对宽泛的概念，相关学者们建议对不同情境下的道德推脱进行区分（Chen et al., 2016；Kish-Gephart et al., 2014；陈默 & 梁建，2017）。因此，本研究参考了 Bandura（1986，1999）的定义，并结合 Chen 等（2016）的研究，将道德推脱定义为员工针对不道德亲组织行为而产生的对不道德亲组织行为进行辩护和接受的心理认知过程。

本研究旨在测量员工针对不道德亲组织行为所进行的道德推脱心理状态，为了更好地达到这一目的，对 Moore 等（2012）开发的适用于组织情境的道德推脱量表进行了改编和修订（类似的做法可以参见 Chen et al., 2016）。所用量表共有 8 个题项，分别代表道德推脱的 8 种机制，示例题项如，"为了保护我所在的公司，撒谎是没关系的"。采用 Likert 7 级评分法，1 表示"非常不同意"，7 表示"非常同意"。道德推脱测量量表见表 3-5。

表 3-5　道德推脱测量量表

1. 为了保护我所在的公司，撒谎是没关系的。
2. 掩饰事实来保护我所在的公司是可以接受的。
3. 考虑到行业内不正当竞争这么普遍，采取一些手段来保护公司也是可以的。
4. 如果人们打破规则的行为是领导教他们做的，那么不该责怪他们。
5. 如果周围的人都认为说谎是应对当前情况的最好办法，那么就可以说谎。

表3-5（续）

6. 因为没有伤害任何人，所以偶尔说谎是没关系的。
7. 如果公司以外的人的利益受到了损害，那也是因为他们没有采取足够的措施来自我保护。
8. 公司以外的人跟我没什么关系，所以不用一直对他们诚实

（5）道德认同

本研究中的道德认同采用了 Aquino 和 Reed（2002）的定义，即围绕一系列道德特质而组织起来的自我概念。

在道德认同的测量方面也选择了 Aquino 和 Reed（2002）编制的测量量表。该量表原有表征化和内在化两个维度，但考虑到表征化维度的作用效果不太稳定（Jennings et al., 2015），且不少学者在测量道德认同时只采用内在化维度（e. g., Skarlicki et al., 2016），本研究只测量了道德认同的内在化维度。该量表首先向被调查者呈现如"关心他人""有同情心""友好""慷慨"等描述个人特质的词语，然后让问卷填写者根据这些特质描述来对自身情况进行评价，示例题项如"如果成为一个拥有这些特征的人，我会感到很自豪""拥有这些特征对我来说很重要"。采用 Likert 7 级评分法，1 表示"非常不同意"，7 表示"非常同意"。道德认同测量量表见表 3-6。

表 3-6　道德认同测量量表

以下是用于描述个人特质的词语：**关心他人、有同情心、公平、友好、慷慨、乐于助人、勤奋、诚实、善良** 　　此刻，请在您脑海里想象一下拥有这些特质的人，这个人可以是您自己或者是其他人，请想象一下这样的人会如何思考和行事。当您对这样的人有一个清晰的画面时，请回答以下问题：
1. 如果我能成为一个拥有这些特质/品质的人，我会感到很高兴。
2. 成为一个拥有这些特征的人，是我的一个核心理念。
3. 如果成为一个拥有这些特征的人，我会感到很自豪。
4. 拥有这些特征对我来说很重要。
5. 我非常渴望拥有这些特征

（6）控制变量

本研究中对员工的性别、年龄、教育水平和任职时间进行了控制。其中，性别变量的编码为 1 = 男性，0 = 女性；年龄变量的编码为 1 = 25 岁及以下，2 = 26~29 岁，3 = 30~34 岁，4 = 35~39 岁，5 = 40~44 岁，6 = 45~49 岁，7 = 50~54 岁，8 = 55~59 岁，9 = 60 岁及以上；教育水平编码为 1 = 初中或以下，2＝高中或相当程度，3＝大专，4＝本科，5＝研究生；任职时间编码为1＝1年以下，2＝1~3年，3＝4~6年，4＝7~9年，5＝10~12年，6＝12年以上。

3.3.3 统计分析方法

本研究将采用 SPSS 23.0 软件来进行描述性统计分析、相关分析、信度分析和层次回归分析，用 AMOS 22.0 软件来进行验证性因子分析。为了进一步检验假设中提出的中介作用和被调节的中介作用，根据 Bauer 等（2006）的建议，本研究使用 R 软件通过蒙特卡罗模拟（Monte Carlo Simulation）方法经过20 000次可重复随机抽样来估计无偏置信区间。

3.4 研究结果

3.4.1 信度分析

本研究使用 SPSS 23.0 软件来对各量表的信度系数进行检验，结果如表3-7所示。可以看出，不道德亲组织行为、组织支持感、内部人身份感知、道德推脱和道德认同的 Cronbach's α 值分别为 0.91、0.92、0.72、0.91、0.81，均超过了 0.7，因此可以认为本研究中使用的各量表具有较好的信度。

3.4.2 验证性因子分析

为了确保组织支持感、内部人身份感知、道德推脱、道德认同以及不道德亲组织行为五个变量的区分效度（Podsakoff et al.，2003），本研究采用 AMOS 22.0 软件进行验证性因子分析（Confirmatory Factor Analyses，CFA）。在评价指标的选择方面，本研究选择了常用的拟合优度指标来综合衡量模型的拟合优度，包括卡方（χ^2）、自由度（df）、RMSEA、CFI 和 TLI。分析结果如表3-8所示。

从结果来看，五因子模型（组织支持感、内部人身份感知、道德推脱、道德认同、不道德亲组织行为）相较于其他模型的拟合优度最佳（$\chi^2 =$ 249.16，df = 109，CFI = 0.97，TLI = 0.98，RMSEA = 0.05）。因此，可以认为五个变量具有较好的区分效度。

表 3-7　信度分析结果

变量	题项	CITC	删除该题项 后量表 Cronbach's α	Cronbach' α
不道德亲组织行为	不道德亲组织行为 1	0.79	0.89	0.91
	不道德亲组织行为 2	0.77	0.89	
	不道德亲组织行为 3	0.79	0.89	
	不道德亲组织行为 4	0.76	0.89	
	不道德亲组织行为 5	0.72	0.90	
	不道德亲组织行为 6	0.67	0.91	
组织支持感	组织支持感 1	0.73	0.92	0.92
	组织支持感 2	0.83	0.90	
	组织支持感 3	0.83	0.90	
	组织支持感 4	0.78	0.91	
	组织支持感 5	0.73	0.91	
	组织支持感 6	0.78	0.91	
内部人身份感知	内部人身份感知 1	0.51	0.67	0.72
	内部人身份感知 2	0.60	0.56	
	内部人身份感知 3	0.52	0.66	
道德推脱	道德推脱 1	0.72	0.90	0.91
	道德推脱 2	0.80	0.89	
	道德推脱 3	0.71	0.90	
	道德推脱 4	0.74	0.90	
	道德推脱 5	0.76	0.90	
	道德推脱 6	0.74	0.90	
	道德推脱 7	0.59	0.91	
	道德推脱 8	0.67	0.91	
道德认同	道德认同 1	0.65	0.77	0.81
	道德认同 2	0.68	0.75	
	道德认同 3	0.56	0.79	
	道德认同 4	0.52	0.80	
	道德认同 5	0.62	0.77	

表 3-8　验证性因子分析结果

模型	χ^2	df	CFI	TLI	RMSEA
五因子模型	249.16	109	0.97	0.96	0.05
四因子模型 1	585.90	113	0.91	0.88	0.09
四因子模型 2	1 083.18	113	0.82	0.76	0.13
四因子模型 3	1 240.82	113	0.79	0.72	0.14
三因子模型	1 419.22	116	0.76	0.68	0.15
单因子模型	2 481.00	119	0.56	0.44	0.19

注：N=533；五因子模型：组织支持感、内部人身份感知、道德推脱、道德认同、不道德亲组织行为；四因子模型 1：组织支持感+内部人身份感知、道德推脱、道德认同、不道德亲组织行为；四因子模型 2：组织支持感、内部人身份感知、道德推脱+道德认同、不道德亲组织行为；四因子模型 3：组织支持感+道德推脱、内部人身份感知、道德认同、不道德亲组织行为；三因子模型：组织支持感+内部人身份感知、道德推脱+道德认同、不道德亲组织行为；单因子模型：组织支持感+内部人身份感知+道德推脱+道德认同+不道德亲组织行为。

3.4.3　描述性统计分析

表 3-9 汇报了本研究中控制变量（性别、年龄、教育水平、任职时间）、预测变量（组织支持感）、中介变量（内部人身份感知、道德推脱）、结果变量（不道德亲组织行为）以及调节变量（道德认同）的均值、标准差及相关系数。

从结果来看，组织支持感与内部人身份感知显著正相关（r = 0.20，p<0.01），内部人身份感知与道德推脱（r=0.24，p <0.01）和不道德亲组织行为（r= 0.25，p <0.01）显著正相关，道德推脱和不道德亲组织行为显著正相关（r= 0.82，p <0.01），与道德认同显著负相关（r=−0.09，p <0.05），道德认同与不道德亲组织行为显著负相关（r=−0.09，p <0.05）。这些结果为接下来进一步分析变量关系和检验中介及调节作用提供了一定的基础。

3.4.4　假设检验

本研究首先使用 SPSS 23.0 软件做层次回归分析来对假设中的主效应进行检验、中介效应和调节效应进行初步检验。同时考虑到涉及道德认同的调节效应，事先对内部人身份感知和道德认同进行了中心化处理之后构建了乘积项（内部人身份感知×道德认同），将其放入回归模型中，回归分析结果见表 3-10。

表 3-9 各变量的均值、标准差和相关系数

变量	M	SD	1	2	3	4	5	6	7	8	9
1. 性别	0.69	0.47									
2. 年龄	3.45	1.92	0.12**								
3. 教育水平	2.48	0.90	-0.09*	-0.34**							
4. 任职时间	3.96	1.51	0.15**	0.83**	-0.26**						
5. 组织支持感	4.37	1.14	0.13**	0.01	0.02	0.03	(0.92)				
6. 内部人身份感知	4.46	1.10	-0.02	0.03	-0.02	0.05	0.20**	(0.72)			
7. 道德推脱	3.11	1.14	-0.05	-0.06	0.01	-0.11*	-0.02	0.24**	(0.91)		
8. 不道德亲组织行为	3.27	1.21	0.01	-0.06	0.03	-0.11*	-0.02	0.25**	0.82**	(0.91)	
9. 道德认同	5.50	0.96	0.02	-0.15**	0.15**	-0.13**	0.21**	0.06	-0.09*	-0.09*	(0.81)

注：$N=533$；对角线上括号内为各变量的信度系数（Cronbach's α）；

* $p<0.05$，** $p<0.01$（双尾）。

表3-10 回归分析结果

变量	内部人身份感知	道德推脱				不道德亲组织行为			
	M1	M2	M3	M4	M5	M6	M7	M8	M9
截距	3.63***	2.64***	3.24***	3.19***	3.63***	2.56***	3.23***	0.31	0.48
性别	-0.13	-0.04	-0.03	-0.03	0.07	0.11	0.12	0.14**	0.14*
年龄	-0.02	0.06	0.05	0.06	0.08	0.09	0.08	0.04	0.03
教育水平	-0.03	-0.01	0.01	0.01	0.02	0.03	0.05	0.04	0.04
任职时间	0.05	-0.15**	-0.16**	-0.16**	-0.17**	-0.19**	-0.19**	-0.06	-0.06
组织支持感	0.19***	-0.06	-0.04	-0.03	-0.02	-0.07	-0.05	-0.02	-0.01
内部人身份感知		0.27***	0.27***	0.27***		0.30***	0.30***	0.07**	0.07*
道德推脱								0.85***	0.85***
道德认同			-0.13**	-0.13*			-0.15**	-0.04	-0.04
内部人身份感知×道德认同				-0.20***					0.01
ΔR^2	0.04***	0.08***	0.01**	0.04***	0.02†	0.07***	0.01*	0.58***	0.00

注：N=533；* p<0.05，** p<0.01，*** p<0.001（双尾）。

（1）主效应检验

假设 1 提出组织支持感对不道德亲组织行为有正向影响。根据表 3-10 中模型 5（M5）的结果，在控制了相关控制变量之后，员工感受到的组织支持感对其不道德亲组织行为没有显著的影响作用（b =-0.02，n. s.）。因此假设 1 没有得到数据支持。

假设 3 提出员工的道德认同水平对不道德亲组织行为有负向影响。根据表 3-10 中模型 7（M7）的结果，在控制了相关控制变量、组织支持感和内部人身份感知之后，员工的道德认同对不道德亲组织行为有显著的负向影响（b=-0.15，p<0.05）。因此，假设 3 得到了数据支持。

（2）中介效应检验

假设 2、假设 4 和假设 5 分别提出了内部人身份感知在组织支持感和不道德亲组织行为中的中介作用，道德推脱在内部人身份感知和不道德亲组织行为中的中介作用，以及组织支持感通过内部人身份感知和道德推脱的链式中介作用间接影响不道德亲组织行为。根据表 3-10 中模型 1（M1）的结果，在控制了相关控制变量之后，员工感受到的组织支持感对其内部人身份感知有显著的正向影响（b=0.19，p<0.001）；根据模型 2（M2）的结果，在控制了相关控制变量以及组织支持感之后，员工的内部人身份感知对其道德推脱有显著的正向影响作用（b=0.27，p<0.001）。此外，根据模型 5（M8）的结果，在控制了相关控制变量、组织支持感和内部人身份感知之后，道德推脱对不道德亲组织行为有显著的正向影响（b=0.85，p<0.001）。

我们进一步通过蒙特卡罗模拟方法对中介作用的无偏置信区间进行估计，结果如表 3-11 所示。从结果来看，内部人身份感知在组织支持感和不道德亲组织行为之间的中介效应显著（b=0.01，95% 无偏置信区间为 ［0.00，0.03］，不包括 0），道德推脱在内部人身份感知和不道德亲组织行为之间的中介效应显著（b=0.23，95% 无偏置信区间为 ［0.16，0.30］，不包括 0）。同时，组织支持感通过内部人身份感知和道德推脱的链式中介间接对不道德亲组织行为产生显著的正向影响（b=0.04，95% 无偏置信区间为 ［0.02，0.07］，不包括 0）。因此，假设 2、假设 3 和假设 4 都得到了支持。

假设 6 提出，道德推脱在道德认同和不道德亲组织行为之间发挥中介作用。根据表 3-10 中模型 3（M3）的结果，员工的道德认同对道德推脱有显著的负向影响（b=-0.13，p<0.05），同时，根据模型 5（M8）的结果，在控制了相关控制变量和道德认同之后，道德推脱对不道德亲组织行为有显著的正向影响（b=0.85，p<0.001）。

进一步地，通过蒙特卡罗模拟方法对中介作用的无偏置信区间进行估计，结果如表3-11所示。从结果来看，道德推脱在道德认同和不道德亲组织行为之间的中介作用显著（b=-0.11，95%无偏置信区间为［-0.20，-0.03］，不包括0）。因此，假设6得到了数据的支持。

表3-11　中介作用检验

中介效应	B	95%无偏置信区间
组织支持感→内部人身份感知→不道德亲组织行为	0.01	［0.00，0.03］
内部人身份感知→道德推脱→不道德亲组织行为	0.23	［0.16，0.30］
组织支持感→内部人身份感知→道德推脱→不道德亲组织行为	0.04	［0.02，0.07］
道德认同→道德推脱→不道德亲组织行为	-0.11	［-0.20，-0.03］

（3）调节效应检验

假设7提出道德认同负向调节内部人身份感知与道德推脱之间的关系。从表3-10中的模型4（M4），可以看出，在控制了相关控制变量、组织支持感、内部人身份感知和道德认同之后，交互项（内部人身份感知×道德认同）对道德推脱有显著的负向影响（b=-0.20，$p<0.001$）。进一步，通过简单斜率分析（simple slope test）来考察道德认同的调节效应，结果如图3-2所示。对于低道德认同的员工（低于平均值1个标准差）来说，内部人身份感知对道德推脱的影响增强（b=0.46，$p<0.01$），而对于高道德认同的员工来说，这一关系不显著（b=0.07，n. s.）。因此，假设7得到了支持。

假设8提出，道德推脱对内部人身份感知和不道德亲组织行为之间的中介作用受到道德认同的调节作用，即存在被调节的中介效应。通过蒙特卡罗模拟方法对该条件中介作用的无偏置信区间进行估计，结果如表3-12所示。内部人身份感知→道德推脱→不道德亲组织行为之间的间接效应在低道德认同组内显著（b=0.39，95%无偏置信区间为［0.30，0.49］，不包括0），而在高道德认同组内的间接效应则不显著（b=0.07，95%无偏置信区间为［-0.03，0.16］，包括0），但其组间差异达到了显著性水平（b_{diff}=-0.32，95%无偏置信区间为［-0.46，-0.20］，不包括0）。因此，假设8得到了数据支持。

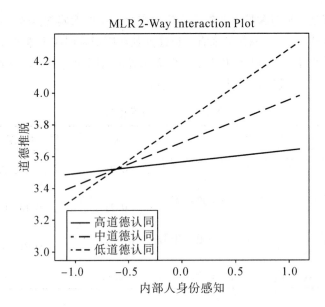

图 3-2　道德认同对内部人身份感知与道德推脱之间关系的调节作用

表 3-12　被调节的中介作用检验

中介效应	B	95%无偏置信区间
高道德认同（+1 SD）	0.07	[-0.03, 0.16]
低道德认同（-1 SD）	0.39	[0.30, 0.49]
组间差异	-0.32	[-0.46, -0.20]

3.5　结果讨论

本研究中我们构建并检验了个体层面上组织支持感和道德认同对员工不道德亲组织行为产生影响的过程机制模型，并进一步考察了该过程的边界条件。通过对西南地区某国有企业的 533 名员工在两个时间点上收集到的数据进行分析，并对研究中所提出的假设进行了检验，结果表明：①员工感知到的组织支持感对其不道德亲组织行为没有直接的显著影响；②内部人身份感知在组织支持感和不道德亲组织行为的关系之间起到了中介作用；③道德推脱在内部人身份感知和不道德亲组织行为的关系之间发挥中介作用；④员工感知到的组织支持感通过内部人身份感知和道德推脱的链式中介作用间接影响不道德亲组织行为；⑤员工的道德认同对不道德亲组织行为有显著的负向影响作用；⑥道德推脱在道德认同与员工不道德亲组织行为之间发挥中介作用；⑦道德认同负向调节内部人身份感知与道德推脱之间的关系，且内部人身份感知通过道德推脱对不道德亲组织行为的间接效应也受到道德认同的负向调节（假设检验情况汇总见表3-13）。

表 3-13　研究一假设检验结果

编号	假设	检验结果
假设 1	组织支持感对员工不道德亲组织行为有正向影响	不支持
假设 2	内部人身份感知在组织支持感和不道德亲组织行为之间发挥中介作用	支持
假设 3	员工的道德认同水平对不道德亲组织行为有负向影响	支持
假设 4	道德推脱在内部人身份感知和不道德亲组织行为之间发挥中介作用	支持
假设 5	组织支持感通过内部人身份感知和道德推脱的链式中介作用正向影响不道德亲组织行为	支持
假设 6	道德推脱在道德认同和不道德亲组织行为之间发挥中介作用	支持
假设 7	道德认同调节内部人身份感知和道德推脱之间的关系，当道德认同水平较高时，内部人身份感知和道德推脱之间的正向影响关系减弱	支持
假设 8	员工道德推脱在内部人身份感知与不道德亲组织行为之间的中介作用受到道德认同的调节作用，当道德认同水平较高时，该中介作用效应减弱；反之，则增强	支持

本研究的理论贡献主要包括以下几点：

第一，本研究以社会交换理论为基础将员工感知到的组织支持感与不道德亲组织行为联系起来，验证了 Umphress 和 Bingham（2011）提出的，员工可能出于回报组织的目的而实施不道德亲组织行为这一命题。在以往的研究中，学者们探索并验证了一系列组织支持感可能引发的积极后果，如提升员工的工作满意度、增加组织承诺、减少离职倾向，并且会导致员工更多地参与到积极的角色外行为当中。不道德亲组织行为虽然是员工以维护组织及其成员的利益为目的而实施的行为，但该行为的不道德成分使其无法避免地会伤害组织外其他人的利益，长远来看最终可能对企业的声誉和发展带来损害（Schweitzer et al.,

2004）。在之前的研究中，虽然也有学者从社会交换的视角来分析影响员工不道德亲组织行为的因素，但主要聚焦于员工与其领导之间的交换关系（如领导-成员交换）（林英晖 & 程垦，2016）。本研究则探索了组织方面的原因，对现有研究进行了一定的拓展，从而丰富了不道德亲组织行为影响因素方面的研究。

第二，本研究进一步分析了组织支持感对不道德亲组织行为产生影响的过程机制：通过内部人身份感知的中介作用。当员工感知到较高的组织支持感，特别是与组织内其他员工相比而言较为特殊的支持性待遇时，会感受到组织对其的重视，相应地形成了内部人身份的感知。本研究以认同理论为基础，提出员工内部人身份感知的形成相应地增加了员工对作为组织"内部人"身份的角色认同和对作为组织成员身份的组织认同。一方面使得员工将努力"扮演好"自己作为组织主人翁的角色，承担相应的责任和义务，另一方面又使得员工将组织视为自我的延伸，将组织的成功与失败内化为自己的成功与失败，从而导致员工为了维护和提升组织利益、实现组织目标而忽略组织外其他人的利益，进而参与到不道德亲组织行为当中。

第三，本研究通过考察道德认同对不道德亲组织行为的影响揭示了员工不道德亲组织行为决策中个体特质的作用。以往研究大多从个体态度的角度提出当员工对组织形成了积极的态度时（如组织认同、组织承诺），会为了维护组织利益而实施不道德亲组织行为。即员工将不道德亲组织行为看作一种积极的对组织有利的行为，表现出了不道德亲组织行为的亲组织特性，但是却忽略了该行为的不道德特性。由于个体差异的存在，具有某些特质的员工相比其他员工本身更容易实施不道德行为，但现有研究在这方面的探索还比较少。本研究发现，员工的道德认同水平作为一种相对稳定的个体特质会对其不道德亲组织行为产生负向影响。即，相比于高道德认同的员工，道德认同水平较低的员工更容易参与到不道德行为当中。

第四，本研究进一步发现了道德推脱员工不道德亲组织行为决策中的重要作用。在之前的研究中，学者们已经发现了道德推脱机制对员工实施不道德亲组织行为的过程中所发挥的关键作用，即通过对该行为在认知上进行重新定义，忽略或抹去其不道德成分，或强调其亲组织成分来摆脱做出不道德行为可能产生的内疚和羞愧。由于个体道德推脱机制会受到各种内外部因素的影响（Duffy et al.，2012；Kish-Gephart et al.，2014），其在干扰道德自我调节机制方面是否会被启动也会受到其他因素的影响。本研究从正、反两方面发现了道德推脱机制在不道德亲组织行为决策中的作用。首先，道德推脱在内部人身份感知与不道德亲组织行为之间发挥中介作用，且较高的内部人身份感知更容易触发员工的道德推脱机制来使得员工为不道德亲组织行为进行开脱。其次，道德推脱在道德认同和不道德亲组织行为之间发挥中介作用，且道德认同对道德推脱机制的启动具有抑制作用，高道德认同的员工更不容易通过道德推脱来为不道德亲组织行为进行辩解。

第五，本研究将个体态度因素与个体特质因素进行整合，探索员工内部人身份感知和道德认同对其道德推脱以及不道德亲组织行为产生的共同影响作用，即考察了道德认同对内部人身份感知→道德推脱→不道德亲组织行为这一间接效应的调节作用。研究结果表明，道德认同显著地弱化了内部人身份感知与道德推脱之间的关系，即相较于高道德认同的员工，低道德认同的员工在感知到较高的内部人身份感知时更容易进行道德推脱，并参与到不道德亲组织行为中。这一研究发现也从侧面验证了 Aquino 和 Reed（2002）提出的观点，即个体的自我认同是多方面的，且在某些情况下，某一种认同在自我概念中的重要性程度会占主导地位。具体地，当面临不道德亲组织行为决策时，高道德认同员工的道德知识和道德记忆更容易被激活，其自我概念中的道德认同成分占据主要地位，因此更容易做出符合自我道德标准的道德行为；相反，低道德认同员工本身不关心道德相关的问题，其作为组织内部人身份的角色认同和社会认同则成为主要认同，因此更容易做出符合组织利益的不道德亲组织行为。

第 4 章 团队情境不道德亲组织行为的影响因素研究

4.1 理论基础与模型构建

4.1.1 社会学习理论

根据 Bandura（1977）的社会学习理论，个体行为主要是通过后天习得的，包括直接学习和观察学习两种。其中，直接学习是个体根据行为所产生的积极或消极后果来进行反应判断，从而得到行为强化或削弱的学习方式。如果一种行为实施以后产生了积极的结果，证明是有效的，那么个体在遇到相同情况时就会继续实施该行为；反之，如果一种行为实施以后产生了消极的结果，证明是无效的，那么这种行为就会被个体所摒弃。由于直接学习主要依赖于个体的直接经验，这种学习过程通常是非常缓慢的，甚至可能是代价惨痛的。因此，个体还通过观察学习的方式，即通过对角色榜样的行为模式进行观察和归纳来进行的学习。

社会学习理论也是管理学和组织行为学领域内被广泛使用的理论之一，通常用于分析和理解领导对下属产生的影响或组织内存在的涓滴效应。根据社会学习理论，领导对下属成员的影响主要通过两种方式实现：一是领导者基于自身在组织中的地位成为下属的榜样，下属在日常工作中观察并效仿领导的行为，实现行为的复制，即直接性观察学习；二是领导者通过行为示范来向下属传递信息，即下属通过对领导行为的观察来判断和归纳出组织或团队中合乎规范的行为模式，即抽象性观察学习。因此，以社会学习理论为基础，学者们发现了许多组织情境中下属对上级领导行为进行模仿和学习的现象。值得注意的是，下属不仅会对领导的积极行为进行模仿学习，还会对领导的消极行为进行复制。例如，研究发现，团队领导可能会对其上级领导的辱虐管理行为进行模仿，而团队成员也会仿效团队领导的辱虐行为（Farh & Chen，2014；Liu et al.，2012；Mawritz et al.，2012）。

在不道德行为的有关研究中，学者们也发现了不道德行为的"传染"与"扩散"现象（O'Fallon & Butterfield，2011），不道德亲组织行为由于其自身的亲组织特性可能更容易被"传染"。当团队成员观察到团队领导的不道德亲组织行为时，可能更容易忽略其中的不道德成分，从而对其进行模仿和复制。因此，以社会交换理论为基础，本研究的第一个研究内容是考察团队领导的不道德亲组织行为对下属不道德亲组织行为的影响作用。

4.1.2 社会信息处理理论

Salancik 和 Pfeffer（1978）提出的社会信息处理理论（social information processing theory）认为，个体的态度和行为是对社会信息进行处理的产物。该理论的一个基本前提是，个体是一个自适应有机体，会调整自己的态度和行为来适应外部社会情境。因此，个体会聚焦于社会情境中的某些特定信息，根据这些信息来对事件进行意义建构（Salancik & Pfeffer，1978）。换言之，社会情境是能够为个体提供线索，是个体信息的重要来源，个体随之也会对该线索进行建构和解读，从而调整自己的行为来适应社会情境。具体地，社会情境可以通过两种方式来对个体态度和行为产生影响：①对个体态度和行为产生直接影响，使其理解哪些态度和行为是被社会环境所接受的；②使个体关注某些特定信息，影响个体对该行为预期和后果的判断来间接对个体态度和行为产生影响。

社会信息处理理论强调了社会环境对个体态度和行为的影响作用，在组织行为学领域内也有广泛的应用。特别是在团队情境中，学者们通常以社会信息处理理论为基础来解释团队规范、团队氛围、团队目标等团队特征对团队成员所产生的影响（Gong et al.，2013；Yang et al.，2007）。团队道德文化是团队成员们共享的有关道德/不道德行为的规范、标准、奖惩等的共识，反映了团队需要什么样的行为，不需要什么样的行为。在本研究中，我们认为团队道德文化的形成一方面是社会信息处理的结果，是团队成员通过对团队内道德/不道德行为相关的规定、制度等进行解读而形成一种共享的共识；另一方面，团队道德文化的形成又称为团队环境的一部分，进一步为团队成员提供相关信息，以影响其态度和行为。因此，本研究将引入团队道德文化这一变量，来考察领导不道德亲组织行为对团队道德文化的影响，以及团队道德文化对成员不道德亲组织行为的影响。

4.1.3　道德推脱机制

在第 3 章中，我们已经分析并检验了员工道德推脱倾向在其不道德亲组织行为决策中所发挥的关键作用，即通过重新定义、降低或歪曲行为后果和贬低受害者三种主要方式来忽略或抹去不道德亲组织行为当中的不道德成分，从而使自己能心安理得地实施不道德行为。在此不多做赘述。由于个体的道德推脱机制也会受到情境因素的影响而被触发（Duffy et al.，2012；Kish-Gephart et al.，2014；Martin et al.，2014），本研究将进一步考察领导不道德亲组织行为和团队道德文化是否会通过道德推脱的中介作用来影响团队成员的不道德亲组织行为。

4.1.4　个体-情境交互视角

Treviño（1986）首次提出了组织情境中理解员工道德决策的个体-情境交互理论框架，强调了员工道德/不道德决策是由环境因素和个体因素所共同决定的。具体地，当个体面临道德困境时，会先形成一定的"对"与"错"的认知，这些认知由其自身的道德认知发展阶段所决定，但这些认知不足以用来预测其之后的道德决策和行为，还会受到其所在的组织环境（组织文化、相关他人、是否需要承担行为后果等）和个体特征（控制点、自我强度等）的影响。Alzola（2012）进一步指出，情境所能解释的是"平均"（aggregate）的行为，而个体区别进一步解释了与平均水平的差异。相关实证研究也发现，个体差异与情境因素的交互作用会对个体道德决策产生影响（Church et al.，2005）。

在之前的分析中，我们提出了团队成员会对团队领导的不道德亲组织行为进行学习和模仿，由于团队领导本身也是团队情境因素的一个方面，且有研究发现会与个体特征因素发生交互作用来共同影响员工的道德行为（Ruiz-Palomino & Martinez-Canãs，2011），本研究中我们将进一步分析不同的团队成员是否会在解读和理解领导不道德亲组织行为方面存在差异。具体地，我们将考察成员相对主义道德意识水平的差异是否会对领导不道德亲组织行为→道德推脱→不道德亲组织行为这一关系发挥调节作用。道德意识是个体在道德问题上所信奉的道德哲学和道德立场（Forsyth，1980），包括相对主义和理想主义两个维度。其中，理想主义维度是指个体认为通过正确的行为总能获得正确结果的程度，表达了个体对他人福利的关注程度，关注行为的结果，特别强调避免伤害他人；相对主义维度是指个体拒绝普适道德规范的程度，并认为行为的正当性取决于当时的环境和相关他人。我们选择相对主义道德意识维度来作为调节变量是因为具有相对主义道德意识的个体在对道德问题和道德决策进行判断时会依赖于当时所处的环境和相关他人。即，具有较高相对主义道德意识的团队成员在进行不道德亲组织行为决策时更容易受到情境因素（如领导行为）的影响。

综合以上分析，本研究将以社会学习理论、社会信息处理理论、道德推脱机制以及个体-情境交互视角为基础来分析团队情境中领导不道德亲组织行为、团队道德文化、道德推脱与下属不道德亲组织行为之间的关系，以及下属相对主义道德意识水平可能发挥的调节作用。本研究的理论模型如图4-1所示。

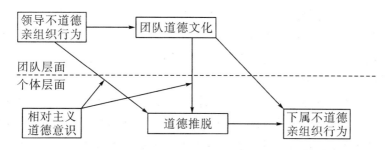

图4-1　团队情境中领导不道德亲组织行为影响下属不道德亲组织行为模型

4.2　假设推导

4.2.1　领导不道德亲组织行为和下属不道德亲组织行为

社会学习理论认为（Bandura，1977），个体行为主要来自对周围人行为进行的观察学习和模仿，且观察学习是社会学习的最主要形式。在观察学习的过程中，观察者通过观察榜样的行为而受到榜样影响的过程，称为榜样示范。通过观察角色榜样（role model），个体能形成在某一情境下，哪些行为方式是恰当的或哪些行为方式是不恰当的认知，这种认知继而能对他们的行为具有指导作用（Bandura，1986）。在工作场所中，团队领导的行为通常是下属观察和模仿的主要对象，大量研究发现下属成员对领导的积极行为或消极行为进行模仿和复制（Gino et al.，2009；Schaubroeck et al.，2012；Zhu et al.，2011）。此外，社会学习成功的基本条件在于是否有机会观察角色榜样。相比于更大的组织环境，在团队情境中，团队领导经常需要与成员们通过合作来完成工作任务，彼此间的社会交往更为频繁和密切，这就使得团队成员能更容易观察到领导的行为，并进行学习和复制（舒晓村，2015）。

因此，本研究推测团队领导的不道德亲组织行为会对下属不道德亲组织行为产生影响，具体表现在：首先，团队领导的不道德亲组织行为会引发团队成员的直接效仿和复制。团队领导由于其自身在团队中的地位会天然地成为团队成员们的角色榜样，使得下属成员在日常生活中对其进行模仿。下属成员通过观察团队领导的行为来判断哪些行为是团队领导所接受的，哪些行为是不合适的。当领导表现出较多的不道德亲组织行为时，下属成员会认为这种行为是被领导所允许的，甚至可能是领导鼓励的行为的认知，从而直接对其进行复制，自己也参与到不道德亲组织行为当中。相反，当领导表现出较少的不道德亲组织行为时，下属成员可能难以观察到，相应地也不会进行效仿和模仿。此外，当团队成员自己面临不道德亲组织行为的行为决策时由于缺乏可参照对象，也不太可能实施该行为。

其次，团队领导通过自己对不道德亲组织行为的观念和态度来对团队成员的行为起到制约或激励的效果。在日常工作中，除了自身行为表现，团队领导通常也会向下属传达自己对道德/不道德行为的观念和态度，这些观念和态度会影响下属成员对该行为后果的判断，从而影响该行为的实施。当领导自己参与到不道德亲组织行为当中时，极有可能向下属灌输这是正常行为的观念，甚至会鼓励下属也参与到该行为当中。相应地，下属认为自己做了不道德亲组织行为也不会对自己造成什么损失或消极影响，从而更坦然地实施不道德亲组织行为。相反，很少或从不实施不道德亲组织行为的团队领导本身可能对该行为就持有不赞成、不认可的态度，在工作过程中也会向下属传达自己的观念，甚至可能对发现的下属不道德亲组织行为进行制止或惩罚。因此，下属成员在面临不道德亲组织行为决策时会变得更谨慎，可能出于后果考虑而不实施该行为。

虽然现有研究中尚未出现直接考察领导不道德亲组织行为对下属不道德亲组织行为产生影响的研究，但已有研究发现，当上级领导表现出道德型领导风格时，下属的不道德行为会减少（Brown et al.，2005）；同时，也有研究发现下属会对上级领导的消极行为进行模仿和学习（Mawritz et al.，2012）。因此，综合以上分析，我们认为不道德亲组织行为虽然违反了道德规范，但同时又具有对组织有利的亲组织特性，当面临不道德亲组织行为决策时，成员们往往会陷入两难的困境。这时团队成员往往根据团队领导的言行态度来进行参考和判断，如果团队领导参与了不道德亲组织行为，且这些行为被团队成员所观察到，则向他们传递了这样一种信息：该行为是被允许的，甚至可能是被鼓励的，从而会增加团队成员参与到不道德亲组织行为的可能性。

因此，本研究提出以下假设：

H1：领导不道德亲组织行为对下属不道德亲组织行为有正向影响。

4.2.2 团队道德文化的中介作用

道德文化是组织文化的一部分，是多种"正式"和"非正式"的行为控制系统之间的相互作用，这种文化的高低不同会对道德/不道德行为起到促进或抑制的作用（Treviño et al., 1998）。道德文化中的"正式"系统包括在道德规范下实施的组织政策、工作流程和实践，为减少不道德行为发生而设计的领导结构，对道德行为给予肯定的奖励系统，以及为提高组织成员对道德问题关注而实施的特殊培训计划等（Schaubroeck et al., 2012；Treviño, 1990）。"非正式"系统则是通过"讲故事"的方式来讲述道德/不道德行为的发生，又或是通过语言和行为的方式来表明对待道德行为的态度和价值观（Ardichvili et al., 2009；Falkenberg & Herremans, 1995）。"正式"和"非正式"系统都属于表层的（surface-level）、共享的文化要素（Schein, 1985），可以被组织成员所观察到并进行解读和理解。这些共享的文化要素可以让组织成员意识到组织内哪些行为是被接受的，哪些行为是不被接受的（Treviño et al., 1998）。因此，道德文化本质上是组织成员形成的关于道德/不道德行为的共识，包括对行为的是否合乎道德的判断以及当出现不道德行为时的处理方式等。

虽然组织的道德规范、制度流程等管理系统对团队道德文化的形成和强化具有一定影响，但团队领导作为所在团队的直接领导者，其面对道德问题时的态度和行为可能会产生更直接的影响，可以认为团队道德文化在很大程度上是由团队领导者塑造并决定的。这是由于受到不同文化背景的影响，不同团队的成员可能会对组织道德规范进行不同程度的解读，进而在某一具体的道德问题上产生异议或分歧，而团队领导则能通过自身的言行举止向下属提供更清晰和更易参考的角色模范和决策标准。例如，团队领导在日常工作中关注、强调什么，在具体的奖励分配和晋升机会上如何决策，想要鼓励和塑造什么样的角色典范，对道德/不道德行为秉持何种态度，以及在重要场合发表了什么样的观点等都能向下属成员传达出他们相应的信念、价值观和人生哲学。也就是说，团队领导能通过某种"嵌入机制"将自己的价值观、道德观嵌入整个团队共享的文化因素中（Schein, 1985），即团队领导的道德价值观和道德行为会对团队道德文化的形成和塑造产生影响（Schaubroeck et al., 2012）。

具体而言，当团队领导参与到不道德亲组织行为当中时，可能意味着领导自身就秉持着相对较低的道德观念和道德信念。这就使得他们在平时的工作过程中不重视向下属传达组织道德规范和道德准则，对于已发现的下属违规行为也没有及时制止，甚至采取纵容的态度，这就导致团队成员难以形成严格遵守道德规范的共识，不利于高水平团队道德文化的形成。相反，当团队领导表现出较少的不道德亲组织行为时，可能意味着领导自身就严格遵守组织道德规范，在日常工作中表现得正直不阿、合乎规范，在日常沟通中经常向下属传递他们的道德观念，相应地也更强调和鼓励下属的道德行为，并对不道德行为采取严令禁止和惩罚的态度，因此更有利于形成高水平的团队道德文化。

因此，通过以上分析可以推测，领导不道德亲组织行为将对团队道德文化的形成和塑造产生直接影响，本研究提出以下假设：

H2：领导不道德亲组织行为对团队道德文化有负向影响作用。

进一步地，我们认为团队道德文化的形成会对团队成员的不道德亲组织行为产生影响。在道德文化水平较高的团队中，成员们对团队中有关行为是否合乎道德有着共同的理解，对道德/不道德行为的结果有比较一致的认知和判断，因此个体成员不太可能会做出不道德行为。相反，当团队道德文化水平较低时，由于缺乏清晰的道德规范和要求，对成员做出的道德/不道德行为的奖励或惩罚态度也不明确，员工很可能认为不道德行为是被团队及团队内其他成员所接受的。特别是，由于不道德亲组织行为具有亲组织成分，在缺乏明确的惩罚手段但又存在着对组织的潜在收益的情况下，团队成员极有可能参与到不道德亲组织行为当中。

因此，综合以上分析，当团队领导参与到不道德亲组织行为当中时，团队内难以形成可以对团队成员的不道德亲组织行为进行约束和规范的高水平道德文化，由于缺乏清晰的道德规范和惩罚手段，团队成员极有可能为了维护组织的利益而参与到不道德亲组织行为当中。即团队领导的不道德亲组织行为通过影响团队道德文化来影响下属不道德亲组织行为。提出以下假设：

H3：团队道德文化在领导不道德亲组织行为和下属不道德亲组织行为之间发挥中介作用。

4.2.3 道德推脱的中介作用

根据道德推脱理论，个体本身会形成与其道德自我调节机制相符合的道德标准，从而引导个体更多地实施好的行为，避免实施不好的行为，但这一自我调节功能也可能受到各种内外部因素的干扰而被选择性地启动或停用

（Bandura 等，1996）。例如，当个体面对着较大的外部压力时，道德自我调节机制受到干扰而降低个体的自制能力，削弱道德规范对其行为的约束力，从而使其做出违反道德标准的行为，并为该行为提供合理化解释（占小军，2017）。相关实证研究也表明，个体的道德推脱倾向会受到情境因素的影响（Duffy et al.，2012；Kish-Gephart et al.，2014；Martin et al.，2014）。遵循这一逻辑，本研究认为，领导不道德亲组织行为和团队道德文化会对个体成员的道德推脱机制产生影响，进而间接影响其不道德亲组织行为。

根据社会信息处理理论（social information process，SIP），个体会根据他们捕捉到的外部环境信息来对自己的态度和行为进行调整，从而实现对外部环境的适应（Salancik & Pfeffer，1978）。在团队情境中，团队领导的言行就是成员个体重要的社会信息来源。不道德亲组织行为同时具有亲组织性和不道德性，在面临行为决策困境时，团队成员往往会向周围环境寻求线索来帮助其作出决定。而团队领导的不道德亲组织行为就为成员个体的道德推脱提供了机会和条件。首先，领导不道德亲组织行为会影响下属成员对该行为的定义和判断，认为只要是为了组织利益好，即使可能对组织外其他人造成伤害也是难以避免的。其次，下属成员可能将不道德亲组织行为的行为责任转移给团队领导，认为他们只是照着领导的行为去做而已。最后，领导不道德亲组织行为还会影响下属成员对行为后果的判断，认为该行为是被领导允许和认可的，即使做了也不会对自己造成什么损失。因此，领导不道德亲组织行为可能触发个体成员的道德推脱机制，改变其对不道德亲组织行为的看法，甚至让他们认为这样的行为是组织所鼓励和认可，从而使其摆脱自我道德调节机制的约束。

由于领导不道德亲组织行为触发了下属的道德推脱机制，使其通过重新定义、责任转移和歪曲行为后果的方式来为自己的不道德亲组织行为做解释和辩解，忽略该行为的不道德成分，并降低自己的行为责任，使其行为变成"正常的""可以接受的"行为，甚至可能是对组织"有利的"行为，从而增加了他们从事不道德亲组织行为的可能性。换言之，团队领导的不道德亲组织行为通过增加下属成员的道德推脱倾向来对下属不道德亲组织行为产生间接影响。

因此，综合以上分析，我们提出以下假设：

H4：道德推脱在领导不道德亲组织行为和下属不道德亲组织行为之间发挥中介作用。

团队成员所处团队的道德文化水平也会对其道德推脱机制的启动产生影响。当团队内形成了较高水平的团队道德文化时，成员们对遵守道德规范、实施合乎道德规范的行为有着较高的共识，会避免不道德行为的发生，甚至鼓励他人也不要实施不道德行为。在这种情况下，团队成员对道德规范的敏感性较高，更不容易启动道德推脱机制来忽略不道德亲组织行为的不道德成分。一些制止、惩罚不道德行为的措施也会改变员工对不道德亲组织行为后果的看法，从而使其更为审慎地考虑是否实施该行为。相反，当团队道德文化水平较低时，不道德行为可能是团队中比较普遍的现象，这就为个体成员提供了进行有利比较的对象，认为相比于其他不道德行为来说，具有亲组织成分的不道德行为不算什么。此外，集体的不道德行为也更可能引发责任扩散，对于每个个体成员来说，都会认为自己不用为集体的行为担负责任。

因此，通过以上分析，本研究认为，团队成员所处的团队的道德文化水平会对成员个体的道德推脱机制产生影响。较低的团队道德水平可能触发成员的道德推脱机制，致使他们为自己的不道德亲组织行为进行重新定义和辩解，最终弱化自己应当承担的行为责任以及由此产生的内疚感。由于受到道德推脱的干扰，团队成员自身的道德自我调节机制也会失效，从而增加他们从事不道德亲组织行为的可能性。

因此，本研究提出以下假设：

H5：道德推脱在团队道德文化和下属不道德亲组织行为之间发挥中介作用。

结合假设2和假设4的分析，我们发现，团队领导者作为团队的角色榜样，其自身的道德观念、道德原则和道德行为对所在团队的道德文化形成和塑造有着关键作用。当团队领导本身秉持的道德标准较为宽松，自己从事了不道德亲组织行为，将不利于团队中高水平道德文化的形成。团队道德文化水平的高低又会对下属成员的道德推脱机制产生影响，进而影响其是否从事不道德亲组织行为的行为决策。

因此，本研究进一步提出团队道德文化和下属道德推脱在领导不道德亲组织行为和下属不道德亲组织行为关系之间的链式中介作用，提出以下假设：

H6：领导不道德亲组织行为通过团队道德文化和道德推脱的链式中介作用正向影响下属的不道德亲组织行为。

4.2.4 相对主义道德意识的调节作用

研究发现，个体因素和情境因素发生交互作用来共同影响个体的道德决策和行为（Bandura，1990；Moore et al.，2012）。换言之，情境因素或许会触发个体的道德机制，但个体自身秉持的对道德问题的看法和立场也会对道德推脱机制是否被触发以及是否会实施不道德行为。

根据 Forsyth（1980）提出的道德立场理论，个体的道德意识会影响其道德判断。其中，具有相对主义道德意识的个体在进行道德决策时会考虑当下的具体情境以及事件相关者的个人情况。对他们来说，不存在一套可以普遍适用的道德规范或规则。因此，具有高水平相对主义道德意识的个体对某一行为是否具有道德性的判断并不是仅仅依据普适的道德规范做出的，而是综合考虑了该行为发生时的情境和人。甚至在某些情况下，他们认为伤害是不可避免的，只能"两权相害取其轻"。已有研究已经考察了个体的道德意识对其道德判断的影响（Fernando & Chowdhury, 2010; Forsyth, 1992），并且发现具有高相对主义道德意识的个体更倾向于将模棱两可的问题认为是道德上可以接受的（Barnett et al., 1994; Bass et al., 1999; Davis et al., 2001; Marques & Azevedo-Pereira, 2009）。因此，可以推测员工的相对主义道德意识水平会对其是否实施不道德亲组织行为产生影响。

具体而言，本研究认为，领导不道德亲组织行为与下属道德推脱之间的关系，以及团队道德文化与下属道德推脱之间的关系受到下属相对主义道德意识的调节。这是由于相比于普适的道德规范，相对主义者更关注事件或行为发生时的情境因素。也就是说，高相对主义者对行为道德性的判断容易受到情境因素的影响（Forsyth et al., 2008; Valentine & Bateman, 2011）。

团队领导者作为团队中的一个核心人物，其态度和行为往往是团队成员在面临困境和选择时参考和效仿的主要对象。高相对主义者在面临道德判断或选择时，往往更关注情境因素，因而更容易捕捉到团队领导者的不道德亲组织行为，也更容易受到领导道德态度和行为的影响，并将其作为自己的决策和行为依据，从而更有可能将不道德亲组织行为视为合理的、可以接受的行为，即忽略或抹去其中的不道德成分。相反，低相对主义者对普适道德规范的拒绝程度较低，其决策或行为的依据仍主要以道德规范为主，当下的情境或他人的行为对他们的影响较小，即不太可能受到领导不道德亲组织行为的影响。因此，本研究提出以下假设：

H7：领导不道德亲组织行为与下属道德推脱之间的关系受到下属相对主义道德意识的调节作用，当下属相对主义道德意识水平较高时，领导不道德亲组织行为对道德推脱的影响加强；反之，则减弱。

在假设 3 中我们提出道德推脱在领导不道德亲组织行为与下属不道德亲组织行为之间的中介作用，综合以上分析，可以推测，由于高相对主义者更容易受到领导不道德亲组织行为的影响，更容易在领导"亲身示范"的影响下忽略或抹去不道德亲组织行为的不道德成分，将其视为合理的、可以接受的行为，因此也更容易做出不道德亲组织行为。因此，本研究进一步提出相对主义道德意识对道德推脱中介作用的被调节中介假设：

H8：下属道德推脱在领导不道德亲组织行为与下属不道德亲组织行为之间的中介作用受到相对主义道德意识的调节作用，当下属相对主义道德意识水平较高时，该中介作用效应增强；反之，则减弱。

在团队道德文化方面，由于高相对主义者拒绝普适的道德规范和规则，在团队情境中，团队成员所共享的、形成了一定共识的道德文化规范就可能成为他们道德决策和行为的主要依据。因此，更有可能受团队道德文化的影响去定义和解释自己的行为。相反，具有较低相对主义道德意识的团队成员对普适道德规范和规则的拒绝程度较低，其道德决策和行为的依据仍然遵循社会大众所接受的道德标准，并且强调和关心各个群体的利益和福利，相应地受到团队内道德文化规则的影响就较小。

因此，综合以上分析，本研究提出以下假设：

H9：团队道德文化与下属道德推脱之间的关系受到下属相对主义道德意识的调节作用，当下属相对主义道德意识水平较高时，团队道德文化对道德推脱的影响加强。

类似地，在假设4中我们提出了道德推脱在团队道德文化和下属不道德亲组织行为之间的中介作用，进一步地，我们提出，由于高相对主义者更容易以团队道德规范为标准来进行相关的道德判断，因此，其更容易受到团队道德文化的影响去对不道德亲组织行为进行界定，从而也更容易或更不容易（取决于道德文化提倡或制止不道德行为）忽略或抹去不道德亲组织行为中的不道德成分，进而影响其是否从事不道德亲组织行为。因此，本研究提出以下假设：

H10：下属道德推脱在团队道德文化与下属不道德亲组织行为之间的中介作用受到相对主义道德意识的调节作用，当下属相对主义道德意识水平较高时，该中介作用效应增强；反之，则减弱。

4.3　研究方法

4.3.1　问卷设计、研究样本与程序

（1）问卷设计

根据本研究的研究目的和理论模型，本研究拟采用问卷调查的方式来取得

数据并进行假设检验。问卷设计主要按照以下过程实施：

首先，明确各主要研究变量的概念内涵，并选择合适的测量量表。本研究以文献综述为基础，首先对研究中涉及的各主要变量的概念内涵进行界定和明确。

其次，找出现有的成熟量表，比较其在现有实证研究中的信度和效度，结合本研究目的与研究需要，选出较为合适的测量量表。再次，我们根据 Brislin（1986）的建议，对英文量表采用翻译→回译→翻译的步骤来获得中文版测量量表。

最后，编制调查问卷，并编写封面语。在编制调查问卷的过程中，为了确保被调查对象能够准确地理解测量题项的表述内容，我们对各主要变量进行了一定的分隔，并附上了详细的引导语。在封面语中，我们详细介绍了本次调查的研究目的、填写注意事项等，并强调本次调查所取得的数据仅作学术研究之用，所有的个人信息和所填内容都会予以严格保密，从而尽量消除问卷填写者的顾虑，确保其能如实填写。

（2）研究样本与程序

本研究采用问卷调查方法，研究样本来自国内西南地区某国有企业的员工。在开展正式调查之前，研究者事先和企业负责人进行了沟通并获得其许可。之后，企业负责人安排了人力资源部专员配合研究者开展问卷调查。在人力资源部专员的协助下，研究者获得了企业员工花名册，并事先从每个团队中随机抽取 3~6 名成员参加问卷调查。

为了减小共同方法偏差的影响，本研究的问卷发放将分两个时间点（时间间隔为 1 个月）进行（Podsakoff et al.，2003）。问卷发放主要采取委托调研的方式进行，研究者事先将编码过的问卷放入信封，信封上写有问卷填写人的姓名，交由该企业的人力资源部专员负责将问卷发放到填写人手上。问卷发放前，研究者与人力资源部专员进行了充分的沟通，详细告知调查目的以及问卷填写注意事项等。团队成员填写完毕后将问卷放回信封进行密封，并将信封封面上的姓名条撕掉，从而确保填写的匿名性和保密性。最后研究者统一收回问卷进行整理，将有大量空白或填写不认真的问卷予以剔除，并将两次问卷调查所取得的数据根据团队成员的编码进行匹配来得到最终的调查样本。在第一阶段问卷调查中，团队成员汇报了其团队领导的不道德亲组织行为和所在团队的道德文化，个人的道德推脱和相对主义道德意识；在第二阶段问卷调查中，团队成员汇报了个人的不道德亲组织行为和基本信息。

第一阶段（时间点 1）总计向 132 个团队的 670 名团队成员发放了问卷，

问卷收回后我们筛查和删除了无效问卷，最终获得有效问卷 520 份，有效回收率为 77.6%；第二阶段（时间点 2）向这 520 名团队成员继续发放问卷，问卷回收后进行筛查和剔除，并与第一阶段问卷进行匹配，同时确保每个团队中至少有 3 名成员的有效数据，最终得到有效样本为来自 93 个团队的 385 名团队成员，有效回收率为 74%。

样本基本信息如表 4-1 所示。从样本基本情况来看，男性员工占 64.9%，女性员工占 35.1%；在年龄方面，25 岁及以下的员工占 21.6%，26~29 岁的员工占 24.7%，30~34 岁的员工占 12.2%，35~39 岁的员工占 10.9%，40~44 岁的员工占 12.5%，45~49 岁的员工占 10.6%，50~54 岁的员工占 7.5%；在受教育水平方面，初中或以下学历的员工占 15.3%，高中或相当程度的占 40.5%，大专学历的占 32.5%，本科学历的占 11.4%，研究生学历的占 0.3%；在任职时间方面，1 年以下的占 0.5%；1~3 年的占 28.3%，4~6 年的占 19.2%，7~9 年的占 21.3%，10~12 年的占 5.7%，12 年以上的占 24.9%。

表 4-1　员工样本人口统计学变量分析（N=385）

人口统计学变量	类别	样本数	百分比/%
性别	男性	250	64.9
	女性	135	35.1
年龄	25 岁及以下	83	21.6
	26~29 岁	95	24.7
	30~34 岁	47	12.2
	35~39 岁	42	10.9
	40~44 岁	48	12.5
	45~49 岁	41	10.6
	50~54 岁	29	7.5
受教育水平	初中或以下	59	15.3
	高中或相当程度	156	40.5
	大专	125	32.5
	本科	44	11.4
	研究生	1	0.3

表4-1(续)

人口统计学变量	类别	样本数	百分比/%
任职时间	1年以下	2	0.5
	1~3年	109	28.3
	4~6年	74	19.2
	7~9年	82	21.3
	10~12年	22	5.7
	12年以上	96	24.9

4.3.2 研究变量的概念界定及测量

（1）不道德亲组织行为

根据 Umphress 和 Bingham（2011）的定义，本研究中的不道德亲组织行为是指，团队成员个体做出的能促进组织有效运作或其成员有效工作的，同时违反了核心社会价值观、道德习俗、法律及正当行为规范的有意行为。

本研究中，不道德亲组织行为的测量采用了 Umphress 等人（2010）开发的不道德亲组织行为测量量表。该量表共有 6 个题项，用于测量员工自我汇报的不道德亲组织行为，示例题项如"出于公司利益考虑，我会隐瞒事实以使公司看起来更好""如果有必要，我会向公众隐瞒有损公司形象的信息"。采用 Likert 7 级量表计分，1 表示"非常不同意"，7 表示"非常同意"。不道德亲组织行为测量量表见表 4-2。

表 4-2　不道德亲组织行为测量量表

1. 出于公司利益考虑，我会隐瞒事实以使公司看起来更好
2. 出于公司利益考虑，我会向顾客或客户夸大我们公司的产品和服务质量
3. 出于公司利益考虑，我会向顾客或客户隐瞒关于我们公司或产品的负面信息
4. 如果有必要，我会拖延向公司的供应商支付货款
5. 如果有必要，我会向公众隐瞒有损公司形象的信息
6. 如果有必要，我会向其他公司推荐一个不能胜任工作的同事，以使其成为其他公司的麻烦

（2）领导不道德亲组织行为

根据 Umphress 和 Bingham（2011）的定义，本研究中的领导不道德亲组织行为是指：领导做出的能促进组织有效运作或其成员有效工作的，同时违反了核心社会价值观、道德习俗、法律及正当行为规范的有意行为。

本研究中，领导不道德亲组织行为的测量改编自 Umphress 等人（2010）开发的员工不道德亲组织行为测量量表，共有 6 个题项。通过使用参照点转换（referent shift）的方法（Chan, 1998），使其适用于员工对自己观察到的领导不道德亲组织行为进行汇报。示例题项如"出于公司利益考虑，我的领导会隐瞒事实以使公司看起来更好""如果有必要，我的领导会向公众隐瞒有损公司形象的信息"。采用 Likert 7 级量表计分，1 表示"非常不同意"，7 表示"非常同意"。领导不道德亲组织行为测量量表见表 4-3。

表 4-3　领导不道德亲组织行为测量量表

1. 出于公司利益考虑，我的领导会隐瞒事实以使公司看起来更好
2. 出于公司利益考虑，我的领导会向顾客或客户夸大我们公司的产品和服务质量
3. 出于公司利益考虑，我的领导会向顾客或客户隐瞒关于我们公司或产品的负面信息
4. 如果有必要，我的领导会拖延向公司的供应商支付货款
5. 如果有必要，我的领导会向公众隐瞒有损公司形象的信息
6. 如果有必要，我的领导会向其他公司推荐一个不能胜任工作的同事，以使其成为其他公司的麻烦

（3）团队道德文化

参考 Treviño 等（1998）的定义，本研究中所使用的团队道德文化概念是狭义的、表层的道德文化，具体是指团队成员共享的有关道德/不道德行为的规范、标准、奖惩等"正式"和"非正式"系统的综合，反映了团队需要什么样的行为，不需要什么样的行为。

团队道德文化的测量改编自 Treviño 等（1998）开发的组织道德环境量表，共有 10 个题项。同样采用了参照点转换（referent shift）的方法，使其适用于团队成员对所在团队的道德环境进行评价。示例题项如"在我们团队中，若有人做出不道德行为会受到惩罚""在我们团队中，不道德行为是被严令制止的"。采用 Likert 7 级评分法，1 表示"非常不同意"，7 表示"非常同意"。团队道德文化测量量表见表 4-4。

表 4-4　团队道德文化测量量表

1. 在我们团队中，若有人做出不道德行为会受到惩罚
2. 在我们团队中，有人即使违反了道德规范也会得到奖励和表扬（R）
3. 在我们团队中，不道德行为是被严令禁止的
4. 在我们团队中，正直、诚实的人才会得到奖励和表扬
5. 在我们团队中，道德规范只是"摆设"而已（R）
6. 在我们团队中，领导经常强调要遵守道德规范
7. 在我们团队中，领导经常做一些我认为是不道德的行为（R）
8. 在我们团队中，领导的决策都是遵循道德规范的
9. 在我们团队中，道德规范不过是"面子工程"（R）
10. 在我们团队中，存在着不符合道德规范的"潜规则"（R）

（4）道德推脱

由于道德推脱是一个相对宽泛的概念，相关学者们建议对不同情境下的道德推脱进行区分（Chen et al., 2016；Kish-Gephart et al., 2014；陈默 & 梁建，2017）。因此，本研究参考了 Bandura（1986，1999）的定义，并结合 Chen 等（2016）的研究，将道德推脱定义为员工针对不道德亲组织行为而产生的对不道德亲组织行为进行辩护和接受的心理认知过程。

本研究旨在测量员工针对不道德亲组织行为所进行的道德推脱心理状态，为了更好地达到这一目的，对 Moore 等（2012）开发的适用于组织情境的道德推脱量表进行了改编和修订（类似的做法可以参见 Chen et al., 2016）。所用量表共有 8 个题项，分别代表道德推脱的 8 种机制，示例题项如"为了保护我所在的公司，撒谎是没关系的"。采用 Likert 7 级评分法，1 表示"非常不同意"，7 表示"非常同意"。道德推脱测量量表见表 4-5。

表 4-5　道德推脱测量量表

1. 为了保护我所在的公司，撒谎是没关系的
2. 掩饰事实来保护我所在的公司是可以接受的
3. 考虑到行业内不正当竞争这么普遍，采取一些手段来保护公司也是可以的
4. 如果人们打破规则的行为是领导教他们做的，那么不该责怪他们
5. 如果周围的人都认为说谎是应对当前情况的最好办法，那么就可以说谎
6. 因为没有伤害任何人，所以偶尔说谎是没关系的
7. 如果公司以外的人的利益受到了损害，那也是因为他们没有采取足够的措施来自我保护
8. 公司以外的人跟我没什么关系，所以不用一直对他们诚实

（5）相对主义道德意识

相对主义道德意识是指个体拒绝普适道德规范的程度，并认为行为的正当性取决于当时的环境和相关他人（Forsyth，1980）。

本研究中相对主义道德意识的测量选自 Forsyth（1980）开发的道德立场量表中的相对主义维度。该量表共有 10 个题项，示例题项如"没有一个普适的道德标准，因为每个人对道德的判断是不同的"。采用 Likert 7 级量表计分，1 表示"非常不同意"，7 表示"非常同意"。相对主义道德意识测量量表见表 4-6。

表 4-6   相对主义道德意识测量量表

1. 没有什么道德准则是可以放之四海而皆准的
2. 不同的社会和环境下的道德标准是不同的
3. 道德标准存在个人差异，一个人认为是道德的行为其他人可能会认为是不道德的
4. 不同比较不同类型道德体系的谁是谁非
5. 没有一个普适的道德标准，因为每个人对道德的判断是不同的
6. 道德标准只是个人的准则，可以用来规范个人行为，但不能用来判断他人的行为
7. 人际关系中的道德伦理问题非常复杂，所以应该允许每个人形成自己的伦理标准
8. 不可能制定出一条有关谎言的规范，一个谎言是否被允许完全取决于当时的环境
9. 那些用来阻止某些行为的严格的道德规范可能会妨碍人际关系的发展
10. 谎言被认为是道德或不道德的要看当时发生的环境

资料来源：Forsyth（1980）。

（6）控制变量

本研究中首先在个体层面对团队成员的性别、年龄、教育水平和任职时间进行了控制。其中，性别变量的编码为 1＝男性，0＝女性；年龄变量的编码为 1＝25 岁及以下，2＝26~29 岁，3＝30~34 岁，4＝35~39 岁，5＝40~44 岁，6＝45~49 岁，7＝50~54 岁，8＝55~59 岁，9＝60 岁及以上；教育水平编码为 1＝初中或以下，2＝高中或相当程度，3＝大专，4＝本科，5＝研究生；任职时间编码为 1＝1 年以下，2＝1~3 年，3＝4~6 年，4＝7~9 年，5＝10~12 年，6＝12 年以上。此外，由于涉及团队层面的变量和跨层效应，本研究还在团队层面控制了团队的实际规模（不等于样本中的成员人数）。

4.3.3   统计分析方法

由于本章中所使用的数据为多层次嵌套数据（即个体数据嵌套于团队

中），所以本章将采用多层次分析方法。具体地，在假设检验之前，我们首先使用 SPSS 23.0 软件进行聚合效度分析、描述性统计分析、相关分析和信度分析；其次，使用 AMOS 22.0 软件来做验证性因子分析，以检验各变量的区分效度；最后，使用 Mplus 7.4 软件来对假设中的直接效应、跨层中介效应、跨层调节效应等进行检验，并根据 Bauer 等（2006）提出的方法检验被调节的中介模型，即采用蒙特卡罗模拟（Monte Carlo Simulation）的方法经过 20 000 次可重复随机抽样来估计中介作用的无偏置信区间。

4.4 研究结果

4.4.1 信度分析

本研究使用 SPSS 23.0 软件来对各量表的信度系数进行检验，结果如表 4-7 所示。可以看出，本研究中不道德亲组织行为、领导不道德亲组织行为、团队道德文化、道德推脱和相对主义道德意识的 Cronbach's α 值分别为 0.92、0.87、0.81、0.87、0.84，均超过了 0.70，因此可以认为本研究中使用的各量表具有较好的信度。

表 4-7 信度分析结果

变量	题项	CITC	删除该题项后量表 Cronbach's α	Cronbach' α
不道德亲组织行为	不道德亲组织行为 1	0.78	0.90	0.92
	不道德亲组织行为 2	0.79	0.89	
	不道德亲组织行为 3	0.81	0.89	
	不道德亲组织行为 4	0.77	0.90	
	不道德亲组织行为 5	0.73	0.90	
	不道德亲组织行为 6	0.69	0.91	

表4-7(续)

变量	题项	CITC	删除该题项后量表 Cronbach's α	Cronbach' α
领导不道德亲组织行为	领导不道德亲组织行为1	0.63	0.85	0.87
	领导不道德亲组织行为2	0.76	0.83	
	领导不道德亲组织行为3	0.76	0.83	
	领导不道德亲组织行为4	0.70	0.84	
	领导不道德亲组织行为5	0.66	0.85	
	领导不道德亲组织行为6	0.52	0.87	
团队道德文化	团队道德文化1	0.36	0.80	0.81
	团队道德文化2	0.34	0.81	
	团队道德文化3	0.50	0.79	
	团队道德文化4	0.48	0.79	
	团队道德文化5	0.60	0.78	
	团队道德文化6	0.49	0.79	
	团队道德文化7	0.54	0.78	
	团队道德文化8	0.41	0.80	
	团队道德文化9	0.63	0.77	
	团队道德文化10	0.52	0.79	
道德推脱	道德推脱1	0.72	0.84	0.87
	道德推脱2	0.74	0.84	
	道德推脱3	0.64	0.85	
	道德推脱4	0.67	0.85	
	道德推脱5	0.71	0.84	
	道德推脱6	0.72	0.84	
	道德推脱7	0.36	0.88	
	道德推脱8	0.48	0.87	

表4-7(续)

变量	题项	CITC	删除该题项后量表 Cronbach's α	Cronbach' α
相对主义道德意识	相对主义道德意识1	0.38	0.84	0.84
	相对主义道德意识2	0.54	0.83	
	相对主义道德意识3	0.62	0.82	
	相对主义道德意识4	0.58	0.82	
	相对主义道德意识5	0.66	0.82	
	相对主义道德意识6	0.61	0.82	
	相对主义道德意识7	0.56	0.82	
	相对主义道德意识8	0.53	0.83	
	相对主义道德意识9	0.46	0.83	
	相对主义道德意识10	0.45	0.83	

4.4.2 聚合效度分析

由于领导不道德亲组织行为和团队道德文化两个变量均是由个体成员填写，然后通过聚合的方法（aggregate）得到团队层面的变量，因此需要先对变量的聚合效度进行检验，以确保个体层面的数据可以聚合到团队层面（Kozlowski & Klein，2000）。我们首先计算了领导不道德亲组织行为和团队道德文化的评分者内部一致性系数（within-group interrater agreement，$r_{wg[j]}$；James et al.，1984），计算结果表明领导不道德亲组织行为和团队道德文化的 $r_{wg[j]}$ 均值分别为0.83和0.91，均超过了建议值0.70（Chen et al.，2004），表明样本中团队成员对所在团队的领导不道德亲组织行为和团队道德文化有较高的一致性评价。进一步地，我们计算了组内相关系数（intraclass correlation coefficient，ICC；Bliese，2000）来判断是否存在足够的组间差异。计算结果表明，领导不道德亲组织行为和团队道德文化的 ICC（1）分别为0.23和0.20，ICC（2）分别为0.55和0.50，同时方差分析（ANOVA）结果表明不同团队的成员对这两个变量的感知存在显著的组间差异，$F（93，385）= 2.23$，$p < 0.001$；$F（93，385）= 2.00$，$p < 0.001$。因此，将领导不道德亲组织行为和团队道德文化从个体层面聚合到团队层面是可行的。

4.4.3 验证性因子分析

在对研究假设进行检验之前,本研究先使用 AMOS 22.0 软件来进行验证性因子分析,以确保领导不道德亲组织行为、团队道德文化、下属道德推脱、下属不道德亲组织行为以及相对主义道德意识五个变量具有较好的区分效度(Podsakoff et al., 2003)。在评价指标的选择方面,本研究选择了常用的拟合优度指标来综合衡量模型的拟合优度,包括卡方(χ^2)、自由度(df)、RMSEA、CFI 和 TLI。分析结果如表 4-8 所示。

表 4-8　验证性因子分析结果

模型	χ^2	df	CFI	TLI	RMSEA
五因子模型	932.279	367	0.91	0.89	0.06
四因子模型 1	1 977.50	371	0.73	0.68	0.11
四因子模型 2	1 633.28	371	0.79	0.75	0.09
四因子模型 3	1 745.94	371	0.77	0.73	0.10
三因子模型	2 679.29	374	0.61	0.55	0.13
单因子模型	4 153.57	377	0.36	0.27	0.16

注:N=385;五因子模型:领导不道德亲组织行为、团队道德文化、下属道德推脱、下属不道德亲组织行为、相对主义道德意识;四因子模型 1:领导不道德亲组织行为+下属不道德亲组织行为、团队道德文化、下属道德推脱、相对主义道德意识;四因子模型 2:下属道德推脱+相对主义道德意识、领导不道德亲组织行为、团队道德文化、下属不道德亲组织行为;四因子模型 3:团队道德文化+相对主义道德意识、领导不道德亲组织行为、道德推脱、下属不道德亲组织行为;三因子模型:领导不道德亲组织行为+下属不道德亲组织行为、道德推脱+相对主义道德意识、团队道德文化;单因子模型:领导不道德亲组织行为+团队道德文化+下属道德推脱+下属不道德亲组织行为+相对主义道德意识。

从结果来看,五因子模型(领导不道德亲组织行为、团队道德文化、下属道德推脱、下属不道德亲组织行为和相对主义道德意识)相较于其他模型的拟合优度最佳(χ^2 = 932.28, df = 367, CFI = 0.91, TLI = 0.89, RMSEA = 0.06)。因此,可以认为五个变量具有较好的区分效度。

4.4.4 描述性统计分析

表 4-9 汇报了本研究中个体层面性别,年龄,受教育水平,任职时间,下属道德推脱,下属不道德亲组织行为和相对主义道德意识的均值、标准差及相

关系数。从结果来看，下属道德推脱与下属不道德亲组织行为显著正相关（r=0.14，p<0.01）；相对主义道德意识与下属道德推脱（r=0.32，p<0.01）和下属不道德亲组织行为（r=0.12，p<0.05）均显著正相关。

表4-9　个体层面变量描述性统计分析结果

	MD	SE	1	2	3	4	5	6	7
1. 性别	0.65	0.48							
2. 年龄	3.30	1.95	0.15 **						
3. 教育水平	2.41	0.89	-0.15 **	-0.36 **					
4. 任职时间	3.78	1.54	0.15 **	0.87 **	-0.30 **				
5. 道德推脱	2.93	0.97	0.04	0.05	-0.08	0.08	(0.87)		
6. 相对主义道德意识	3.83	0.89	0.10	-0.01	-0.16 **	-0.04	0.32 **	(0.84)	
7. 不道德亲组织行为	3.29	1.20	0.01	-0.08	0.01	-0.15 **	0.14 **	0.12 *	(0.92)

注：N=385；对角线上括号内为各变量的信度系数（Cronbach's α）；

* p<0.05，** p<0.01（双尾）。

表4-10汇报了团队层面团队规模，领导不道德亲组织行为以及团队道德文化的均值、标准差和相关系数。从结果来看，领导不道德亲组织行为与团队道德文化显著负相关（r=-0.52，p<0.01）。

表4-10　团队层面变量描述性统计分析结果

	M	SD	1	2	3
1. 团队规模	9.30	3.24	1		
2. 领导不道德亲组织行为	3.44	0.74	-0.13 *	(0.87)	
3. 团队道德文化	5.24	0.49	0.02	-0.52 **	(0.81)

注：N=93；对角线上括号内为各变量的信度系数（Cronbach's α）；

* p<0.05，** p<0.01（双尾）。

4.4.5　假设检验

（1）主效应检验

假设1提出领导不道德亲组织行为对下属不道德亲组织行为有正向影响，假设2提出领导不道德亲组织行为对团队道德文化有负向影响。为了检验这两个主效应假设，本研究构建了如图4-2所示的模型，并分别在个体层面控制了员工的性别、年龄、受教育水平和任职时间，在团队层面控制了团队规模的影响（出于简化模型的目的，控制变量没有体现在模型图中）。

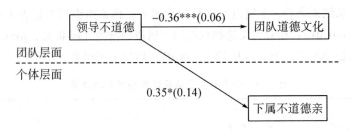

图4-2 领导不道德亲组织行为主效应检验模型

数据分析结果显示，在控制了相关控制变量以及团队规模的影响之后，领导不道德亲组织行为对下属不道德亲组织行为具有显著的跨层正向影响作用（b=0.35，p<0.05）。因此，假设1得到了数据支持。同时，在控制了团队规模的影响之后，领导不道德亲组织行为在团队层面对团队道德文化有显著的负向影响作用（b=-0.36，p<0.001）。因此，假设2得到了数据支持。

（2）中介效应检验

假设3提出团队道德文化在领导不道德亲组织行为和下属不道德亲组织行为之间发挥中介作用；假设4和假设5分别提出了道德推脱在领导不道德亲组织行为和下属不道德亲组织行为之间以及团队道德文化和下属不道德亲组织行为之间的中介作用；假设6提出了领导不道德亲组织行为通过团队道德文化和道德推脱的链式中介作用对下属不道德亲组织行为产生影响。为了检验上述中介作用，我们构建了如图4-3所示的模型。我们在个体层面控制了员工的性别、年龄、受教育水平和任职时间，在团队层面控制了团队规模的影响，并且控制了领导不道德亲组织行为对下属不道德亲组织行为的直接影响（由图中虚线箭头表示）。

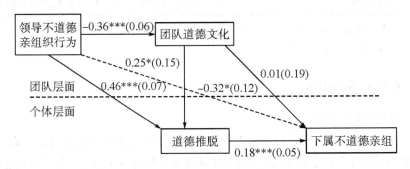

图4-3 道德推脱、团队道德文化中介效应检验模型

数据分析结果显示，在控制了相关控制变量之后，领导不道德亲组织行为对团队道德文化有显著的负向影响（b=-0.36，p<0.001），但是团队道德文化对下属不道德亲组织行为的影响不显著（b=0.01，n. s.）。因此，假设3没有得到数据支持。

在控制了相关控制变量和领导不道德亲组织行为的主效应之后，领导不道德亲组织行为对下属道德推脱有显著的正向影响（b=0.46，p<0.001），道德推脱对下属不道德亲组织行为有显著的正向影响（b=0.18，p<0.001）。为了进一步考察道德推脱的中介作用，本研究采用蒙特卡罗模拟的方法估计这一间接效应的无偏置信区间。结果如表4-11所示，领导不道德亲组织行为与下属不道德亲组织行为之间通过道德推脱的间接效应显著（b=0.08，95%无偏置信区间为［0.04，0.14］，不包括0）。因此，假设4得到了数据支持。

同样地，在控制了相关控制变量和团队道德文化的主效应之后，团队道德文化对下属道德推脱有显著的负向影响（b=-0.32，p<0.05），道德推脱对下属不道德亲组织行为有显著的正向影响（b=0.18，p<0.001）。为了进一步考察道德推脱的中介作用，本研究采用蒙特卡罗模拟的方法估计这一间接效应的无偏置信区间。结果如表4-11所示，团队道德文化与下属不道德亲组织行为之间通过道德推脱的间接效应显著（b=-0.06，95%无偏置信区间为［-0.11，-0.01］，不包括0）。因此，假设5得到了数据支持。

假设6提出，领导不道德亲组织行为通过团队道德文化和下属道德推脱的链式中介作用对下属不道德亲组织行为产生正向影响。同样采用蒙特卡罗模拟的方法估计这一间接效应的无偏置信区间。结果如表4-11所示，领导不道德亲组织行为通过团队道德文化和道德推脱的链式中介作用对下属不道德亲组织行为产生影响的间接效应显著（b=0.02，95%无偏置信区间为［0.00，0.04］，不包括0）。因此，假设6得到了数据支持。

表4-11　中介效应检验结果

中介效应	Estimate	95%置信区间
领导不道德亲组织行为→道德推脱→下属不道德亲组织行为	0.08	［0.04，0.14］
团队道德文化→道德推脱→下属不道德亲组织行为	-0.06	［-0.11，-0.01］
领导不道德亲组织行为→团队道德文化→道德推脱→下属不道德亲组织行为	0.02	［0.00，0.04］

（3）调节效应检验

假设 7 和假设 8 提出，领导不道德亲组织行为对下属道德推脱的正向影响受到相对主义道德意识的调节作用，并且领导不道德亲组织行为→道德推脱→下属不道德亲组织行为这一间接效应也受到相对主义道德意识的调节作用。为了检验上述调节作用和被调节的中介作用，本研究构建了如图 4-4 所示的模型。与之前的模型一致，我们在个体层面控制了员工的性别、年龄、受教育水平和任职时间，在团队层面控制了团队规模的影响，并且控制了领导不道德亲组织行为对下属不道德亲组织行为的直接影响，控制了相对主义道德意识对道德推脱和下属不道德亲组织行为的影响（由图中虚线箭头表示）。

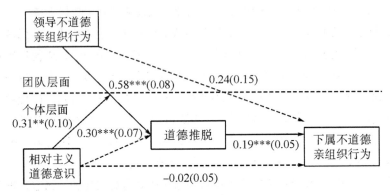

图 4-4　相对主义道德意识调节领导
不道德亲组织行为与道德推脱之间关系的检验模型

数据分析结果显示，交互项（领导不道德亲组织行为×相对主义道德意识）对道德推脱有显著的正向影响（b=0.31，p<0.01）。进一步通过简单斜率分析（simple slope test）来考察相对主义道德意识的调节作用如图 4-5 所示。对于低相对主义道德意识的下属（低于平均值 1 个标准差）来说，领导不道德亲组织行为对道德推脱的影响较弱（b=0.36，p<0.01）；而对于高相对主义道德意识的下属来说，领导不道德亲组织行为对其道德推脱的影响增强（b=0.80，p<0.001）。因此，假设 7 得到了支持。

之后，我们通过蒙特卡罗模拟方法对被调节中介作用的无偏置信区间进行估计，结果如表 4-12 所示。领导不道德亲组织行为→道德推脱→下属不道德亲组织行为之间的间接效应在高相对主义道德意识组内较强（b=0.15，95%无偏置信区间为［0.08，0.24］，不包括0），而在低相对主义道德意识组内的间接效应则较弱（b=0.07，95%无偏置信区间为［0.02，0.13］，不包括0），同时其组间差异达到了显著性水平（b_{diff}=0.08，95%无偏置信区间为［0.03，0.15］，不包括0）。因此，假设 8 得到了数据支持。

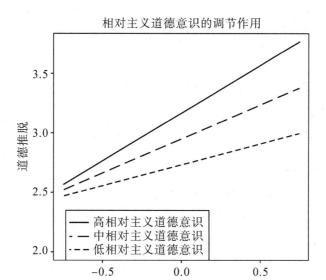

图4-5　相对主义道德意识对领导不道德亲组织行为
与道德推脱之间关系的调节作用

表4-12　被调节的中介效应检验结果

被调节的中介效应 （领导不道德亲组织行为→道德推脱→不道德亲组织行为）	Estimate	95%置信区间
高相对主义道德意识	0.15	[0.08, 0.24]
低相对主义道德意识	0.07	[0.02, 0.13]
组间差异	0.08	[0.03, 0.15]

假设9和假设10提出，团队道德文化对下属道德推脱的负向影响受到相对主义道德意识的调节作用，并且团队道德文化→道德推脱→下属不道德亲组织行为这一间接效应也受到相对主义道德意识的调节作用。为了检验上述调节作用和被调节的中介作用，本研究构建了如图4-6所示的模型。与之前的模型一致，我们在个体层面控制了员工的性别、年龄、教育水平和任职时间，在团队层面控制了团队规模的影响，并且控制了团队道德文化对下属不道德亲组织行为的直接影响，控制了相对主义道德意识对道德推脱和下属不道德亲组织行为的影响（由图4-6中虚线箭头表示）。

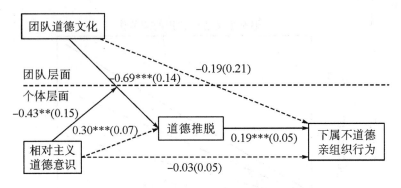

**图 4-6 相对主义道德意识调节团队道德文化
与道德推脱之间关系的检验模型**

数据分析结果显示，交互项（团队道德文化×相对主义道德意识）对道德推脱有显著的负向影响（b=−0.43，p<0.01）。进一步通过简单斜率分析（simple slope test）来考察相对主义道德意识的调节作用如图 4-7 所示。对于低相对主义道德意识的下属成员（低于平均值 1 个标准差）来说，团队道德文化对道德推脱的影响较弱（b=−0.38，p<0.05）；而对于高相对主义道德意识的下属来说，团队道德文化对其道德推脱的影响增强（b=−1.01，p<0.001）。因此，假设 9 得到了支持。

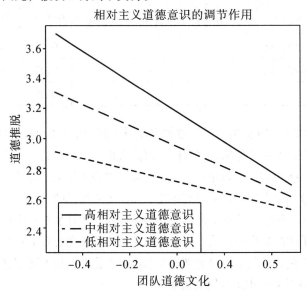

**图 4-7 相对主义道德意识对团队道德文化与
道德推脱之间关系的调节作用**

之后，我们通过蒙特卡罗模拟方法对被调节中介作用的无偏置信区间进行估计，结果如表4-13所示。团队道德文化→道德推脱→下属不道德亲组织行为之间的间接效应在高相对主义道德意识组内较强（b=-0.19，95%无偏置信区间为［-0.31，-0.09］，不包括0），而在低相对主义道德意识组内的间接效应则较弱（b=-0.07，95%无偏置信区间为［-0.32，-0.09］，不包括0），同时其组间差异达到了显著性水平（b_{diff}=-0.12，95%无偏置信区间为［-0.31，-0.09］，不包括0）。因此，假设10得到了数据支持。

表4-13 被调节的中介效应检验结果

被调节的中介效应 （团队道德文化→道德推脱→不道德亲组织行为）	Estimate	95%置信区间
高相对主义道德意识	-0.19	［-0.31，-0.09］
低相对主义道德意识	-0.07	［-0.32，-0.09］
组间差异	-0.12	［-0.31，-0.09］

4.5 结果讨论

本研究基于社会学习理论和社会信息处理理论探讨了团队情境中领导不道德亲组织行为影响下属不道德亲组织行为的多层作用机制。通过对国内西南地区某国有企业93个工作团队的385名员工在两个时间点上收集到的数据进行分析，并对研究中所提出的假设进行了检验，结果表明：①领导不道德亲组织行为对下属不道德亲组织行为有显著的正向影响；②道德推脱在领导不道德亲组织行为和下属不道德亲组织行为之间发挥中介作用；③领导不道德亲组织行为对团队道德文化有显著的负向影响作用；④团队道德文化在领导不道德亲组织行为和下属道德推脱之间发挥中介作用；⑤领导不道德亲组织行为通过团队道德文化和下属道德推脱的链式中介作用间接影响下属不道德亲组织行为；⑥员工的相对主义道德意识正向调节领导不道德亲组织行为与下属道德推脱之间的关系，且领导不道德亲组织行为通过道德推脱的中介对不道德亲组织行为的间接效应也受到下属相对主义道德意识水平的正向调节（假设检验结果汇总见表4-14）。

表 4-14　研究二假设检验结果

编号	假设	检验结果
假设 1	领导不道德亲组织行为对下属不道德亲组织行为有正向影响。	支持
假设 2	领导不道德亲组织行为对团队道德文化有负向影响作用	支持
假设 3	团队道德文化在领导不道德亲组织行为和下属不道德亲组织行为之间发挥中介作用	不支持
假设 4	道德推脱在领导不道德亲组织行为和下属不道德亲组织行为之间发挥中介作用	支持
假设 5	道德推脱在团队道德文化和下属不道德亲组织行为之间发挥中介作用	支持
假设 6	领导不道德亲组织行为通过团队道德文化和道德推脱的链式中介作用正向影响下属的不道德亲组织行为	支持
假设 7	领导不道德亲组织行为与下属道德推脱之间的关系受到下属相对主义道德意识的调节作用，当下属相对主义道德意识水平较高时，领导不道德亲组织行为对道德推脱的影响加强	支持
假设 8	下属道德推脱在领导不道德亲组织行为与下属不道德亲组织行为之间的中介作用受到相对主义道德意识的调节作用，当下属相对主义道德意识水平较高时，该中介作用效应增强；反之，则减弱	支持
假设 9	团队道德文化与下属道德推脱之间的关系受到下属相对主义道德意识的调节作用，当下属相对主义道德意识水平较高时，团队道德文化对道德推脱的影响加强	支持
假设 10	下属道德推脱在团队道德文化与下属不道德亲组织行为之间的中介作用受到相对主义道德意识的调节作用，当下属相对主义道德意识水平较高时，该中介作用效应增强；反之，则减弱	支持

本研究的理论贡献主要包括以下几点：

第一，本研究以社会学习理论为基础揭示了领导不道德亲组织行为对下属不道德亲组织行为产生的影响，拓展了当前对不道德亲组织行为前因变量的研究。根据社会学习理论（Bandura，1977），个体行为主要是后天社会学习的结果。具体到组织情境中，个体员工往往会通过观察重要他人的行为方式来判断何种行为是被组织所接受，何种行为是被组织所禁止的，并进行效仿和复制。其中，领导者的行为模式成为下属观察和模仿的主要对象。大量已有研究都发现并验证了上级领导对下属行为的示范作用（Hannah et al.，2013；Mayer et al.，2012；Mitchell & Ambrose，2007；）。在不道德亲组织行为的相关研究中，虽然有学者发现了上级领导通过表现出道德型领导方式来影响下属的道德观念，进而对其不道德亲组织行为起到一定程度的抑制作用（Miao et al.，2013；李根强，2016）。但尚未有研究考察领导不道德亲组织行为对下属不道德亲组织行为的直接影响，本研究则填补了这一空白，并且发现了下属成员对团队领导不道德亲组织行为的复制现象。

第二，本研究基于社会信息处理理论进一步探索了领导不道德亲组织行为对下属不道德亲组织行为产生影响的过程机制。根据社会信息处理理论（Salancik & Pfeffer，1978），组织情境中的员工首先要对面临的各种社会信息进行加工，如领导特性、组织政策、制度等，并对这些信息赋予意义，从而以此为依据做出行为反应。本研究发现，领导不道德亲组织行为对下属不道德亲组织行为的影响主要通过两条路径实现：一是通过道德推脱的中介作用来影响下属不道德亲组织行为，即下属直接对领导行为进行解读，以领导行为作为标准和参照来对不道德亲组织行为进行重新定义和解释，从而摆脱掉从事不道德行为可能带来的心理压力而参与到不道德亲组织行为当中；二是通过团队道德文化和道德推脱的链式中介作用来影响下属不道德亲组织行为，即领导本身的道德/不道德行为以及相应的道德观念、道德原则会对团队道德文化的形成产生影响，团队道德文化作为一种无形的规范和制度又进一步影响了下属成员对相关行为后果的判断，最终影响其行为决策。通过对领导不道德亲组织行为与下属不道德亲组织行为之间中介机制的探索，本研究揭示出了不道德亲组织行为在组织内可能存在着传染效应，并且强调了团队情境因素在促进或抑制员工不道德亲组织行为方面的重要作用。

第三，本研究考察了个体与情境因素的交互作用对下属不道德亲组织行为的影响。个体-情境交互视角认为（Treviño，1986），组织内个体的道德行为决策是由组织因素和个体因素所共同决定的。因此，团队领导行为作为团队环境因素的一个方面，在对下属不不道德亲组织产生影响的过程中必然也会受到下属个体差异的影响，从而对具有某些特质的下属成员影响作用更强，对另一些成员则影响较弱。本研究提出并检验了下属成员的相对主义道德意识对领导不道德亲组织行为与下属道德推脱之间的关系的正向调节作用，以及领导不道德亲组织行为通过道德推脱的中介对不道德亲组织行为的间接效应也受到下属相对主义道德意识水平的正向调节。研究结果表明，当下属成员相对主义道德意识水平较高时，更容易受到领导不道德亲组织行为的影响而进行道德推脱，从而实施不道德亲组织行为。因此，本研究不仅发现了领导不道德亲组织行为→道德推脱→下属不道德亲组织行为这一影响过程的边界条件，还揭示了成员的个体差异在其道德相关行为决策当中的影响作用。

第5章 研究结论与展望

5.1 主要研究结论

本研究围绕"不道德亲组织行为"这一核心概念从个体层面和团队情境两个方面来探索了不道德亲组织行为的影响因素。本研究包括两个子研究：子研究一，以社会交换理论、认同理论和道德推脱机制为基础，分析个体层面上组织支持感对员工不道德亲组织行为产生影响的过程机制和边界条件；子研究二，以社会学习理论、社会信息处理理论和个体-情境交互视角为基础，分析团队情境中领导不道德亲组织行为对下属成员不道德亲组织行为产生影响的过程机制和边界条件。本研究得出以下几点研究结论：

（1）在个体层面上，员工-组织关系和员工个体特质都会对不道德亲组织行为产生影响

针对不道德亲组织行为同时具有亲组织性和不道德性的特点，本书分别从员工-组织关系的角度和员工个体特质的角度来考察不道德亲组织行为的影响因素。

首先，根据 Umphress 和 Bingham（2011）提出的员工可能出于回报组织的目的来实施不道德亲组织行为，本研究考察了组织支持感对员工不道德亲组织行为的影响作用和过程机制。组织支持感是 Eisenberger 等人（1986）基于社会交换理论提出的概念，并认为较高水平的组织支持感会引发员工的回报义务。组织支持感是组织对员工"承诺"程度的衡量，会引发员工组织公民行为、建言行为等亲组织角色外行为（Chen et al.，2005；Farh et al.，2007；Tucker et al.，2008）。本研究发现，组织支持感对员工不道德亲组织行为没有直接的影响作用，但是会通过增加员工内部人身份感知来促使其从事不道德亲组织行为。内部人身份感知是指，员工感知到的其作为组织内部人的程度

（Stamper & Masterson，2002），组织差异化的支持程度会导致员工形成不同的内部人或外部人身份感知。基于认同理论，本研究认为，员工的内部人身份感知之所以会增加员工的不道德亲组织行为是因为增加了员工对自己作为组织"主人翁"的角色认同和作为组织成员的社会认同。相应地，一方面员工会努力实现组织对其"主人翁"角色的期望，并表现出与角色相一致的行为；另一方面员工将自己所在组织视作自我的延伸，并有提升组织形象和利益的愿望以及形成了群体间偏见。所导致的结果就是，员工更愿意承担不道德亲组织行为潜在的风险和责任，将组织利益置于组织外其他群体的利益之上，为了实现组织利益不惜牺牲他人的利益，从而参与到不道德亲组织行为当中。

其次，根据 Castille 等（2016）的研究发现，即员工的马基雅维利主义特质与从事不道德亲组织行为的意愿正相关，本研究提出员工个体特质会对不道德亲组织行为产生影响，并考察了道德认同的作用。Aquino 和 Reed（2002）基于社会认知理论提出的道德认同是指围绕一系列道德特质所组成的自我概念，反映了道德特质在自我概念中的重要程度。由于渴望成为一个有道德的人，并且将道德认同视作自我概念中的重要成分，具有高道德认同的个体通常能够比较迅速、持久地激活头脑中有关道德的知识（Aquino et al.，2009），因而会表现出较高的道德敏感性和道德判断能力。当面临不道德亲组织行为决策时，相比于低道德认同的员工来说，高道德认同的员工更不倾向于通过不道德的行为方式来维护或实现组织利益，因而不太可能参与到不道德亲组织行为当中。

（2）在团队层面上，领导不道德亲组织行为对团队道德文化产生负向影响

本研究发现，团队领导实施的不道德亲组织行为将不利于高水平团队道德文化的形成。团队道德文化本质上是团队成员形成的关于道德行为的共识，包括有关道德行为的道德判断以及当出现不道德行为时的处理方式（Treviño et al.，1998）。团队领导在日常工作中关注、强调什么，鼓励和塑造什么样的角色典范，在具体的奖励分配或晋升机会上如何决策，对道德/不道德行为秉持着何种态度，以及在重要场合发表了什么样的言论等都能向下属成员传达出他们相应的信念、价值观和人生哲学（Schaubroeck et al.，2012）。但是，当团队领导参与到不道德亲组织行为当中时，可能意味着领导自身就秉持相对较低的道德观念和道德信念。这就使得他们在平时的工作过程中不重视向下属传达组织道德规范和道德准则，对于发现的下属违规行为也没有及时制止，甚至采取纵容的态度，这就导致团队成员难以形成严格遵守道德规范的共识，从而不利

于高水平团队道德文化的形成。

（3）在团队情境中，领导不道德亲组织行为会对下属不道德亲组织行为产生影响

本书研究发现，在团队情境中，领导不道德亲组织行为主要通过两条路径来对下属的不道德亲组织行为产生影响。

首先，领导不道德亲组织行为通过影响下属的道德推脱来影响其不道德亲组织行为。根据社会学习理论（Bandura，1977），个体行为是后天习得的结果。具体到团队情境中，团队领导的行为本身会对下属成员起到示范作用，下属成员通过观察领导的行为来判断哪些行为是被团队所接受的，哪些行为是被团队所禁止的，从而形成对该行为的认知和判断。因此，当团队领导表现出不道德亲组织行为时，下属会认为领导对该行为持宽容态度，甚至可能是领导所赞同的，从而更可能将不道德亲组织行为视为对组织有利的积极行为，并认为即使做了该行为也不会有什么严重后果，即增加了下属道德推脱的倾向，从而促使其从事不道德亲组织行为。

其次，领导不道德亲组织行为通过团队道德文化和道德推脱的链式中介作用来影响下属不道德亲组织行为。根据社会信息处理理论，个体根据其所处社会环境提供的信息来进行意义建构和解读，从而调整自己的行为来适应社会情境。而团队领导和团队文化都是团队情境中个体信息的主要来源之一。由于领导从事不道德亲组织行为将不利于高水平团队道德文化的形成，而团队中形成的有关道德规范的共识又进一步为成员提供了新的信息。例如，在道德文化水平较高的团队中，成员不仅自己严格遵守道德规范，还会鼓励其他成员遵守道德规范。相反，当团队道德文化水平较低时，团队成员难以形成要严格遵守道德规范的意识，对其他成员做出的不道德行为容忍度也较高。因此，团队成员对不道德亲组织行为当中的不道德成分敏感度降低，也可能通过责任分散等方式来减少自己对该行为后果所应该承担的责任，从而更可能通过道德推脱来为自己的不道德亲组织行为进行辩解。

（4）员工道德推脱机制在不道德亲组织行为决策中发挥着关键作用

道德推脱是指个体为其实施的有害或不道德行为进行辩解和合理化的过程，从而使得他们实施了有害或不道德行为之后不会受到来自社会或自我的谴责。本研究发现，道德推脱对个体的不道德决策和行为都有显著的预测作用（Baron et al.，2015；Stevens et al.，2012；Welsh et al.，2013）。Umphress 和 Bingham（2011）认为，不道德亲组织行为是个体去道德化的结果，即个体通过去除或忽略不道德亲组织行为中的道德成分，只把该行为视为一种无关道德

的行为。去道德化其实就是个体进行道德推脱的过程。不道德亲组织行为相关研究也发现，道德推脱在组织认同（Chen et al., 2016）、高绩效要求（陈默 & 梁建，2017）、企业伪善（赵红丹 & 周君，2017）与不道德亲组织行为之间发挥中介作用。这说明，员工为自己的不道德亲组织行为进行道德推脱的倾向会受到内外部各种因素的影响。

首先，本研究发现了道德推脱在员工内部人身份感知与不道德亲组织行为之间的中介作用，即员工的内部人身份感知不仅会对不道德亲组织行为产生直接影响，还会通过增加员工的道德推脱倾向来间接影响不道德亲组织行为。也就是说，当员工对自己作为组织"内部人"的感知程度较高时，更容易触发其道德推脱机制，在面临不道德亲组织行为决策时会通过道德推脱机制来为自己进行辩解，对该行为进行重新定义，忽略或抹去其中的不道德成分，从而使得自己能心安理得地参与到不道德亲组织行为当中。本研究结果也进一步支持了 Umphress 等（2010）、Chen 等（2016）的研究结论。

其次，本研究发现了道德推脱在道德认同与不道德亲组织行为之间的中介作用，即员工的道德认同水平对不道德亲组织行为产生的负向影响主要是通过制约了道德推脱的启动机制来实现的。具体而言，当员工的道德认同水平较高时，其自身的道德自我调节机制对其行为的约束作用也比较强，因而不太可能受到道德推脱的干扰。

再次，本研究发现在团队情境中，道德推脱在领导不道德亲组织行为与下属不道德亲组织行为之间发挥中介作用。在现有研究中，Liu 等（2012）从理论上分析了道德型领导能通过降低员工的道德推脱倾向来减少其职场偏差行为，国内学者杨继平和王兴超（2015）则通过实证研究发现了道德型领导能通过道德推脱的中介作用来减少员工的不道德行为。其比较一致的逻辑是，道德型领导通过树立道德典范以及通过向下属沟通和传达与道德相关的信念、价值观等来影响员工对道德问题的判断。本研究则从相反的一面揭示出，当领导自己参与到不道德行为当中时，可能意味着领导本身就秉持着相对较低的道德原则和道德观念，在日常工作过程中也很少向下属强调遵守道德规范的重要性，对于发现的员工不道德行为也不采取严厉的处罚措施，甚至可能保佑默认或纵容的态度。相应地，员工对相关行为的道德敏感性降低，从而更容易通过道德推脱来为自己的不道德行为进行辩解。

最后，本研究发现道德推脱在团队道德文化和下属不道德亲组织行为之间发挥中介作用。团队道德文化作为团队特征的一个方面，会对团队成员的态度和行为产生影响。以往有关不道德行为的研究大多聚焦于团队道德氛围对成员不道德行为的影响（Arnaud & Schminke, 2012）。但道德文化与道德氛围有所不同。道德氛围向成员传递出的是我们团队重视什么、看重什么，如具有关爱型道德氛围的团队更重视团队成员的福利，具有工具型道德氛围的团队更强调团队利益等；道德文化则向成员传递出什么是正确的、什么是错误的，可以做什么、不可以做什么，会对团队成员的行为起到直接的引导和规范作用。本研究发现，当团队内形成了较高水平的团队道德文化时，成员们对遵守道德规范、实施合乎道德规范的行为有着较高的共识，对道德规范的敏感性也较高，因此更不容易启动道德推脱机制来忽略不道德亲组织行为的不道德成分。同时，一些制止、惩罚不道德行为的措施也会改变员工对不道德亲组织行为后果的看法，从而使其更为审慎地考虑是否实施该行为。

（5）个体因素在员工不道德亲组织行为决策中发挥着调节作用

首先，本研究发现员工的道德认同水平在内部人身份感知和道德推脱之间关系上发挥负向调节作用，即当员工的道德认同水平较高时，其内部人身份感知更不容易触发道德推脱机制。这表明，尽管员工的道德推脱机制会受到其作为组织内部人身份角色的认同感和作为组织成员的组织认同感的影响而启动，但由于道德认同水平的不同，这一影响作用可能被增强或减弱。当员工个体的道德认同水平较高时，其道德自我调节机制更强，更不易受到其他因素干扰，并且表现出更高的道德敏感性，更不容易忽略不道德亲组织行为中的不道德成分，也更不愿意伤害其他人，从而通过道德推脱来为自己辩解的可能性也较低。相反，道德认同水平较低员工的道德自我调节机制更容易受到干扰，在行为决策中更容易受到其他因素的影响而难以坚守道德底线，从而更可能启动道德推脱机制来忽略或抹去不道德亲组织行为当中的不道德成分。

其次，本研究发现团队成员的相对主义道德意识在领导不道德亲组织行为和道德推脱之间的关系上发挥正向调节作用，即当团队成员的相对主义道德意识水平较高时，更容易受到领导不道德亲组织行为的影响而启动道德推脱机制。相对主义道德意识反映了个体对普适道德规范的拒绝程度以及判断一个行为是否合乎道德依赖于当下情境和相关他人的程度。换言之，相对主义道德意识水平较高的个体会认为不存在一个普适的道德规范来约束人们的行为，在面临道德困境时会向周围环境寻求线索以判断出合适的行为选择。因此，具有高相对主义道德意识的团队成员在面临不道德亲组织行为决策时，会更关注领导是怎么做的，并将领导的行为作为自己决策的参考依据；相反，具有低相对主义道德意识的团队成员更倾向于遵守普适的道德规范，受到领导不道德亲组织行为的影响较小。

5.2　创新点与研究贡献

本研究主要有以下关键创新点与研究贡献：

第一，本研究探索并发现了组织支持感、道德认同和领导不道德亲组织行为对员工不道德亲组织行为产生的影响，拓展了不道德亲组织行为前因变量的研究。

不道德亲组织行为是 Umphress 及其同事（2010，2011）针对组织中员工可能出于维护组织和组织成员利益而做出违反社会道德规范的行为这一现象而提出的概念，从而突破了以往学者们认为的员工实施不道德行为的动机主要是为了自己获利，报复或伤害组织或组织其他成员。这一概念的提出也受到了国内外学者的关注。最近，学者们分析并检验了对员工不道德亲组织行为产生影响的个体、领导以及组织方面的因素，从不同的角度探寻了员工实施不道德亲组织行为的原因。尽管相关学者们开展了一系列有益的研究，但作为一个新提出的概念，"员工为什么会实施不道德亲组织行为"这一问题还存在着较大的、值得探索的空间。基于此，本书分别从个体层面和团队情境考察了员工不道德亲组织行为的影响因素。

在个体层面上，本研究基于不道德亲组织行为同时具有亲组织性和不道德性的双重特性提出，一方面，员工可能出于回报组织的目的参与到具有亲组织成分的不道德亲组织行为之中；另一方面，员工自身具有的某些特质使得其难以用较高的道德标准来约束自己的行为，从而参与到具有不道德成分的不道德亲组织行为当中。具体而言，本研究首先以社会交换理论为基础将组织支持感与员工不道德亲组织行为联系起来。虽然现有研究不乏从社会交换的视角来分析员工从事不道德亲组织行为的原因，但大多集中于领导-下属的交换关系，例如探讨领导-下属关系质量对不道德亲组织行为的影响（林英晖 & 程垦，2016），或变革型领导、交易型领导等对不道德亲组织行为的影响（Graham et al.，2015），忽略了员工-组织关系的一面。因此，本研究回归到"员工从事不道德亲组织行为是为了使组织受益"这一根本动机，来分析员工-组织关系质量（组织支持感）是否会促进员工的不道德亲组织行为，并且从正面检验了员工是否会出于回报组织的目的而"铤而走险"去从事不道德行为。从研究结果来看，虽然组织支持感对员工不道德亲组织行为没有显著的直接影响，但是会通过增加员工的内部人身份感知和道德推脱倾向来增加员工从事不道德亲组织行为的可能性。由此，本研究将组织支持感与员工不道德亲组织行为联系起来，揭示了组织支持感对员工不道德亲组织行为可能产生的影响作用。其次，本书基于社会认知理论检验了员工的道德认同水平与不道德亲组织行为之间的关系。基于社会认知的道德认同理论认为，道德认同是围绕一系列道德特质而组织起来的自我概念，并且作为一个复杂的知识结构储存在其记忆系统中，包括道德相关的价值观、目标、特质和行为脚本等，这一组织起来的自我概念（图式）涉及一个有道德的个体会如何思考和行动，从而会对个体的道德判断和道德行为产生影响（Aquino & Reed，2002；Aquino et al.，2005）。研究结果发现，道德认同对不道德亲组织行为有负向影响作用，这表明相对于有较高道德认同的员工来说，道德认同水平较低的员工更容易参与到不道德亲组织行为当中。

在团队情境中，本研究基于社会学习理论提出，员工之所以会实施不道德亲组织行为，是因为受到团队领导行为的影响，通过社会学习而"习得"的。具体地，本研究以社会学习理论为基础分析了领导不道德亲组织行为对下属成员不道德亲组织产生的影响。以社会学习理论为基础，学者们已经发现领导的积极或消极行为通过"涓滴效应"（trickle-down effect）来对下属行为产生影响（Farh & Chen，2014；Liu et al.，2012；Mawritz et al.，2012），同时也发现了组织内不道德行为的"传染"与"扩散"现象（O'Fallon & Butterfield，2011）。在不道德亲组织行为相关研究中，Miao 等人（2013）也以社会学习理论为基础分析了道德型领导对下属不道德亲组织行为的影响，但目前尚未有研究直接考察领导不道德亲组织行为对下属不道德亲组织行为产生的影响作用。因此，本研究基于团队情境来直接检验领导不道德亲组织行为对下属成员是否也具有"传染"效应。研究结果发现，领导不道德亲组织行为对下属不道德亲组织行为有显著的正向影响作用，表明团队成员会对团队领导的不道德亲组织行为进行模仿和复制。

通过个体层面和团队情境两方面的研究分析，本研究相对完整地解释了员工实施不道德亲组织行为背后的原因，即发现了个体层面上员工态度和特质的原因以及团队情境中团队情境因素的原因，从而对不道德亲组织行为的前因变量研究进行了拓展。

第二，本研究分析和检验了组织支持感、道德认同和领导不道德亲组织行为对员工不道德亲组织行为产生影响的过程机制，揭示了员工不道德亲组织行为决策过程中的认知变化过程。

组织行为学领域的学者们一直致力于探索变量与变量之间是如何联系和衔

接起来，即存在哪些中介机制。对不同中介机制的探索和研究有助于我们理解员工的态度是如何形成的，以及员工行为背后的动机、认知和心理变化过程。以往研究已经揭示了组织认同、组织承诺等员工态度在员工不道德亲组织行为发生过程中的中介作用（Effelsberg et al., 2014），以及重要的道德推脱认知机制（陈默 & 梁建，2017）。

首先，本研究从认同理论和道德推脱机制的视角分析了内部人身份感知和道德推脱在组织支持感和员工不道德亲组织行为之间的中介作用以及道德推脱在道德认同和不道德亲组织行为之间的中介作用。实证研究发现，组织支持感不仅通过内部人身份感知的中介作用，还通过内部人身份感知和道德推脱的链式中介作用影响员工不道德亲组织行为。这一研究发现表明，员工感知到的来自组织的支持会使其形成作为组织内部人身份的感知，增加了员工作为组织"主人翁"的角色认同和作为组织成员对组织的社会认同，这两种认同感进一步促使员工认为自己对组织目标的实现和长远发展负有责任，并将组织利益置于组织外其他群体的利益之上，从而使其在认知上对不道德亲组织行为进行重新定义，忽略或抹去其中的不道德成分，只将其看成是为组织而实施的积极行为，因此增加了员工从事不道德亲组织行为的可能性。此外，研究发现，道德认同通过道德推脱的中介作用来对不道德亲组织行为产生影响。这一研究发现表明，道德认同对不道德亲组织行为产生的负向影响主要是通过对道德推脱机制进行约束而实现的。为了避免实施不道德行为之后体验到内疚、羞愧等负面情绪，个体在实施不道德行为之前往往会通过道德推脱机制来为该行为进行辩解和辩护。但道德推脱机制是否能够启动还会受到个体内在因素的影响，如道德认同。当员工的道德认同水平较高时，道德特质在自我概念当中处于中心或重要的位置，从而道德相关的知识和记忆更容易被提取，表现出更高的道德敏感性，其道德自我调节机制对行为的约束作用也比较强，因此不太可能通过道德推脱来忽略或抹去不道德亲组织行为当中的不道德成分，从而减少了员工实施不道德亲组织行为的可能性。

其次，本研究从社会信息处理理论和道德推脱机制的视角出发，考察了团队道德文化和个体道德推脱在领导不道德亲组织行为与下属不道德亲组织行为之间的中介作用。实证研究发现，领导不道德亲组织行为一方面可以对下属的道德推脱倾向产生直接影响，并通过道德推脱的中介作用来影响其不道德亲组织行为；另一方面可以通过塑造团队道德文化来间接影响下属的道德推脱倾向，并通过团队道德文化和道德推脱的链式中介作用来影响下属的道德推脱倾向。这一研究发现表明，领导不道德亲组织行为和团队道德文化都能为员工提供相关信息，帮助其理解团队环境并调整自己的行为来适应环境。具体地，当下属成员观察到团队领导的不道德亲组织行为时，会认为该行为在团队中是可以被接受的，甚至可能是领导所提倡的，从而在认知上对该行为进行重新定义，并心安理得地对该行为进行效仿和复制；同时，受团队领导行为和价值观的影响而形成的团队道德水平也会影响下属成员对不道德亲组织行为的判断，当团队中道德文化水平较低时，团队成员对道德相关问题难以形成较高的敏感性，预期实施了不道德亲组织行为也不会有什么严重的后果，从而也可能忽略该行为中的不道德成分并参与到不道德亲组织行为当中。

通过分别考察个体层面和团队情境中员工不道德亲组织行为的发生过程，本书揭示出了员工在不道德亲组织行为决策中的认知变化过程，加深了我们对员工从事不道德亲组织行为原因的理解。

第三，本研究进一步检验和揭示了组织支持感和领导不道德亲组织行为对不道德亲组织行为产生影响的边界条件。

首先，在个体层面上本书发现内部人身份感知通过道德推脱的中介作用来对不道德亲组织行为产生影响的作用大小受到员工自身道德认同水平的负向调节作用，即当员工自身的道德认同水平较低时，更容易受到内部人身份感知的影响来对不道德亲组织行为进行道德推脱，从而实施不道德亲组织行为。根据Aquino 和 Reed（2002）的观点，个体的不同种类认同在自我概念当中的重要性存在差异，高水平的道德认同表明道德特质或成为一个有道德的人在个体的自我概念中占有重要地位。对于低道德认同的员工来说，内部人身份感知所形成的角色认同和社会认同成为其自我概念中的重要成分，因此更容易对其态度、认知和行为产生影响；相反，具有高道德认同的员工由于将道德认同视作自我概念中的重要成分，在面临道德问题相关的行为决策时更容易激活头脑中有关道德的知识（Aquino et al.，2009），即对道德问题有更高的敏感性，从而更倾向于做出符合自我道德标准的行为，而不太可能实施不道德行为。因此，通过检验道德认同的调节作用，本研究发现了内部人身份感知→道德推脱→员工不道德亲组织行为这一影响过程的边界条件。

其次，本研究发现领导不道德亲组织行为通过道德推脱的中介作用来对下属成员不道德亲组织行为产生影响的作用大小受到下属成员相对主义道德意识的正向调节作用，即当下属成员的相对主义道德意识水平较高时，更容易受到领导不道德亲组织行为的影响而触发道德推脱机制，从而参与到不道德亲组织行为当中。Treviño（1986）在其提出的组织情境中员工道德决策的个体-情境交互理论框架中强调了员工道德/不道德决策是由环境因素和个体因素所共同决定的。因此，团队领导行为作为环境因素对下属成员不道德亲组织行为产生的影响作用大小也应该受到下属成员个体因素的影响。相对主义道德意识反映了个体拒绝普适道德规范的程度，并认为行为的正当性取决于当时的环境和相关他人的程度。具有高水平相对主义道德意识的下属成员在面临不道德亲组织行为决策时更依赖情境因素（如领导行为）为其提供的指导或线索，也就更容易受到领导不道德亲组织行为的影响；相反，具有低相对主义道德意识的下属成员的行为决策更倾向于遵循社会大众所接受的道德规范，从而更不容易受到领导行为的影响。因此，通过检验相对主义道德意识的调节作用，本研究发现了领导不道德亲组织行为→道德推脱→下属不道德亲组织行为这一影响过程的边界条件。

第四，本研究基于团队情境考察了情境因素对员工不道德亲组织行为的影响作用，推进了不道德亲组织行为的跨层次研究。

当前不道德亲组织行为的相关研究中，学者们主要从个体层面来考察员工不道德亲组织行为的影响因素而忽略了情境因素的影响作用。例如，学者们发现了个体特质（Castille et al., 2016）、组织认同（Umphress et al., 2010; Chen et al., 2016）、组织情感承诺（Matherne & Litchfield, 2012）、心理权利（Lee et al., 2017）等个体因素对不道德亲组织行为的影响。尽管也有学者分析了领导因素和组织因素方面的原因，但这些研究也大多采取员工"感知"的方式来进行研究（Effelsberg et al., 2014；赵红丹 & 周君，2017）。目前，尚未有学者采用跨层次的方法来分析组织或团队情境因素，如组织（团队）文化、组织（团队）氛围等，对不道德亲组织行为的影响。最近，Kish-Gephart 及其同事（2010）开展的一项元分析结果表明，组织内个体的不道德决策是由个体因素、道德问题以及组织环境所共同决定的，并呼吁以"道德触发"的视角（即道德/不道德行为是情境性的）来研究组织内不道德行为。Umphress 和 Bingham（2011）也呼吁学者们从团队或组织层面上来开展不道德亲组织行为研究。本研究基于团队情境，考察并检验了领导行为和团队道德文化对下属成员不道德亲组织行为的跨层次影响作用和过程机制。研究结果表明，在团队情境中，个体成员是否会对不道德亲组织行为进行辩解和推脱，以及是否会参与到不道德亲组织行为当中，会受到团队情境因素（领导行为、团队道德文化）的影响。因此，本研究不仅是对 Kish-Gephart 等（2010）以及 Umphress 和 Bingham（2011）等学者的呼应，而且推动了不道德亲组织行为的跨层次研究进展。

5.3 管理启示

（1）企业需要制定和实施合理的人力资源管理实践计划以预防不道德亲组织行为的发生

尽管企业为员工提供的各项支持性措施、认可和奖励有助于增加员工对组织的承诺感、责任感和归属感，并能引发员工自发地为实现组织目标和组织发展而付出努力。但本研究却揭示了员工感知到的组织支持感的潜在消极影响，即可能引发员工的不道德亲组织行为。短期内员工实施的不道德亲组织行为或许有利于提升企业绩效、维护企业形象，但长远来看，由于其存在不道德成分将对企业长远发展造成损害。因此，企业在实施相关管理措施时需要注意方式方法，特别需要考虑通过制定合理的人力资源管理实践计划来对员工的行为进行引导和约束。一方面，企业在制定和实施人力资源管理实践计划时不能盲目强调"忠诚"和"责任"，要对员工"尽忠"的方式和行为进行妥善的引导和规范，避免员工采取不道德的行为方式来维护组织利益、实现组织目标；另一方面，企业可以考虑制定相应的机制来对员工不道德亲组织行为进行监控，鼓励员工之间的互相监督，一旦发现员工实施了不道德亲组织行为要及时予以制止，甚至在必要的时候给予其一定的处罚，从而尽量避免不道德亲组织行为的发生。

（2）企业需要规范和引导管理者采取合适的领导行为以避免不道德亲组织行为的扩散

企业领导和管理者不仅是企业发展的规划者和领航者，也是指引企业员工行为的"风向标"。所谓"上行下效"，企业员工往往会将领导或管理者作为自己的榜样，对他们的行为进行模仿和学习。本研究发现了从上至下的不道德亲行为传递效应，即团队领导表现出不道德亲组织行为时，其所在团队的成员也会受到影响而参与到该行为当中。因此，企业应采取措施来约束和引导管理者的领导行为。首先，企业在招聘和选拔管理人员时，应将领导者的价值观、道德信念等纳入考核范围，通过多种措施来预判管理人员是否有实施不道德行为的倾向。其次，企业应注重对管理者进行辅导和培训，加强其对不道德亲组织行为后果严重性的认识，强调管理者在工作过程中不应采用违反道德规范的方式来实现企业目标，从而避免领导"带领"下属成员实施不道德亲组织行为。

（3）企业需要重视道德文化建设为员工和团队营造良好的道德环境

道德文化是有关道德问题的正式系统（如规章制度、行为准则等）和非正式系统（如价值观、信念等）之间的相互作用，会对企业员工的不道德行为起到促进或抑制的作用。本研究发现，团队道德文化水平的高低会对团队成员的不道德亲组织行为产生影响，特别是当团队文化水平较低时，团队成员更容易从事不道德亲组织行为。因此，为了避免不道德亲组织行为的发生，企业管理者应重视和加强企业道德文化建设，包括明确界定企业道德以及符合道德的行为，从而能对企业道德行为和员工道德行为进行控制和评估；企业还可以通过在各种正式和非正式场所来向企业员工宣扬企业所倡导的价值观和道德观，树立道德典范和楷模；同时，制定相应的奖惩措施来鼓励道德行为和制止不道德行为。

（4）企业需要提升和加强员工的道德素养和道德意识以减少不道德亲组织行为

不道德亲组织行为具有一定的隐蔽性，在实际工作过程中可能不易被观察和发现。但员工自身的某些道德相关的特质会对其道德/不道德行为产生影响。本书研究发现，个体差异导致员工在面临不道德亲组织行为决策时会产生不同程度的道德推脱倾向。具体地，具有较高道德认同水平和较低相对主义道德意识的员工的道德自我调节机制更不容易受到其他因素的干扰而失效，从而也就会实施较少的不道德亲组织行为。因此，企业应注重培养和加强员工的道德认同感，强调普适道德规范对行为的约束作用。具体地，一方面企业在招聘过程中应注重考查员工的道德认同和道德意识，尽量选用德才兼备的员工；另一方面，企业应多制定和开展具有针对性道德培训项目来提升员工的道德认同感和道德意识。

5.4　研究局限与展望

本研究通过两个子研究来分别从个体层面上探讨组织支持感对员工不道德亲组织行为的影响过程和边界条件，以及在团队情境中领导不道德亲组织行为对下属不道德亲组织行为的影响过程和边界条件，做出了一定的理论贡献，也可以为企业管理实践提供一些有益的管理启示。虽然本研究在模型构建、数据收集、假设检验等方面采取了多种方式来提升研究结论的可靠性和可信度，但本书研究也有一些不足之处，主要表现在：

第一，本研究中所使用的数据主要是通过问卷调查的方式获得的，虽然采取了多时点（时间点 1 和时间点 2）收集数据的方法，在一定程度上减少了同源误差，但由于所取得的数据都是员工自我汇报的，所以仍不能完全地避免共同方差偏差的产生。其中，本研究中所使用的关键结果变量——员工不道德亲组织行为，按照组织行为学研究现有范式应当采用领导评价下属的方式来实现客观性，但由于不道德亲组织行为本身具有一定的隐蔽性，相关学者认为领导可能难以捕捉和观察到下属的不道德亲组织行为，从而无法对该行为进行正确的、合乎现实的评价。因此本研究中也选择了自评的方式，但这样做也无可避免地产生了社会称许性偏差（Paulhus，1986）。因此，未来研究或许可以考虑采用自评与他评相结合或采用实验研究设计的方法来更好地解决这一问题。

第二，本研究中的研究对象是来自国内西南地区某国有企业的基层员工，研究样本具有一定的局限性。虽然基层员工在日常工作中可能会面临更多的不道德亲组织行为决策困境，也更容易脱离组织和领导的管理来实施不道德亲组织行为，针对基层员工开展不道德亲组织行为相关研究有一定的意义。但由于受到调查规模和调查时间的限制，本研究仅从一个地区的一家企业收集了数据，这也不可避免地降低了本研究所得出结论的外部效度。为了增加本研究结论的可靠性，未来研究者应考虑从不同行业、不同地区的多家企业收集数据，以进一步检验本研究结论是否具有普适性和稳定性。

第三，本研究发现组织支持感对员工不道德亲组织行为没有直接影响作用，而是通过内部人身份感知的间接作用来影响员工的不道德亲组织行为。从结果来看，本研究结论似乎更支持 Umphress 和 Bingham（2011）提出的员工出于对组织的认同来实施不道德亲组织行为，而不是出于"回报"组织的目的来实施不道德亲组织行为。我们认为，出现这一结果的可能原因是样本存在偏差，即国有企业员工本身积极回报信念水平较低，从而导致了组织支持感对不道德亲组织行为的影响不显著。因此，未来研究可以考虑进一步考察积极回报信念是否会与组织支持感发生交互作用来共同影响员工的不道德亲组织行为。

第四，本研究在团队情境中分析了团队领导的不道德亲组织行为会对下属不道德亲组织行为产生影响，在一定程度上揭示出了组织情境中不道德亲组织行为的传染效应。但是组织内行为的传染方向可以分为纵向的和横向的。因此，为了加深对不道德亲组织行为传染效应的理解和认识，未来研究可以：①横向考察同事不道德亲组织行为的影响；②从上至下考察中层管理者→基层管理者→基层员工不道德亲组织行为的涓滴效应；③从下至上考察成员不道德亲组织行为→领导不道德亲组织行为的涌现效应。

第五，本研究在分析影响员工不道德亲组织行为的情境因素时主要考察了领导不道德亲组织行为、团队道德文化的影响作用，未来研究可进一步考察其他团队特征，如团队政治氛围、团队伦理氛围、团队工作特征等是否会影响团队成员的不道德亲组织行为。此外，未来研究还可进一步将研究分析层次拓展至组织层面，探究组织因素如组织间竞争程度、组织文化、组织氛围等对员工不道德亲组织行为的影响。

参考文献

陈宏辉，程雪莲，张麟，2015. 变革型领导对员工企业社会责任态度的影响：基于社会学习理论的视角 [J]. 当代经济管理 (10)：15-24.

陈默，梁建，2017. 高绩效要求与亲组织不道德行为：基于社会认知理论的视角 [J]. 心理学报 (1)：94-105.

陈志霞，2006. 知识员工组织支持感对工作绩效和离职倾向的影响 [D]. 武汉：华中科技大学.

范恒，周祖城，2017. 伦理型领导对团队自主行为的影响研究：基于团队道德文化的视角 [J]. 软科学 (10)：71-75.

黄华，2013. 社会认知取向的道德认同研究 [J]. 心理学探新 32 (6)：483-488.

黄洁，2016. 辱虐管理对服务业一线员工人际偏差行为的影响 [J]. 山东社会科学 (12)：121-127.

姜薇薇，2014. 员工组织支持感、心理所有权与建言行为关系研究 [D]. 长春：吉林大学.

李根强，2016. 伦理型领导、组织认同与员工亲组织非伦理行为：特质调节焦点的调节作用 [J]. 科学学与科学技术管理 (12)：125-135.

李燕萍，郑馨怡，刘宗华，2017. 基于资源保存理论的内部人身份感知对员工建言行为的影响机制研究 [J]. 管理学报 (2)：196-204.

林英晖，程垦，2017. 差序式领导与员工亲组织非伦理行为：圈内人和圈外人视角 [J]. 管理科学 (3)：35-50.

林英晖，程垦，2016. 领导-部属交换与员工亲组织非伦理行为：差序格局视角 [J]. 管理科学 (5)：57-70.

林志扬，肖前，周志强，2014. 道德倾向与慈善捐赠行为关系实证研究：基于道德认同的调节作用 [J]. 外国经济与管理 36 (6)：15-23.

凌文辁，杨海军，方俐洛，2006. 企业员工的组织支持感 [J]. 心理学报

（2）：281-288.

刘晓姣，2017. 家长式领导与公务员亲组织不道德行为的关系研究［D］. 杭州：浙江大学.

刘智强，邓传军，廖建桥，等，2015. 组织支持、地位认知与员工创新：雇佣多样性视角［J］. 管理科学学报（10）：80-94.

刘宗华，李燕萍，郑馨怡，2017. 高承诺工作系统与知识分享的关系：内部人身份感知和工作嵌入的作用［J］. 当代经济管理（7）：62-68.

罗帆，徐瑞华，2017. 高承诺人力资源管理实践对亲组织非伦理行为的影响：组织支持感的中介作用与道德认同的调节作用［J］. 中国人力资源开发（10）：28-38.

舒晓村，2015. 组织内非伦理行为传染效应研究［D］. 杭州：浙江大学.

谭新雨，刘帮成，2017. 关怀型伦理氛围对公务员建言行为的跨层次影响机制［J］. 大连理工大学学报（社会科学版）（1）：151-156.

屠兴勇，张琪，王泽英，等，2017. 信任氛围、内部人身份认知与员工角色内绩效：中介的调节效应［J］. 心理学报（1）：83-93.

汪林，储小平，倪婧，2009. 领导：部属交换、内部人身份认知与组织公民行为：基于本土家族企业视角的经验研究［J］. 管理世界（1）：97-107.

王兴超，杨继平，2013. 道德推脱与大学生亲社会行为：道德认同的调节效应［J］. 心理科学 36（4）：904-909.

王永跃，王慧娟，王晓辰，2015. 内部人身份感知对员工创新行为的影响：创新自我效能感和遵从权威的作用［J］. 心理科学 38（4）：954-959.

文鹏，陈诚，2016. 非伦理行为的"近墨者黑"效应：道德推脱的中介过程与个体特质的作用［J］. 华中师范大学学报（人文社会科学版）（4）：169-176.

吴红梅，刘洪，2010. 基于商业决策视角的伦理观研究述评［J］. 外国经济与管理（8）：18-26.

吴坤津，刘善仕，王红丽，等，2016. "真有之情"与"应有之情"：内部人身份感知对员工创新行为的双重影响机制［J］. 商业经济与管理（7）：64-72.

吴明证，沈斌，孙晓玲，2016. 组织承诺和亲组织的非伦理行为关系：道德认同的调节作用［J］. 心理科学（2）：392-398.

夏福斌，2014. 员工不道德亲组织行为的前因与后果研究［D］. 大连：东北财经大学.

谢家琳，2008. 实地研究中的问卷调查法 [J]. 陈晓萍，徐淑英，樊景立. 组织与管理研究的实证方法 161-177.

徐亚萍，2016. 服务行业员工亲组织不道德行为的影响机制研究 [J]. 商场现代化 (2)：14-17.

严鸣，涂红伟，李骥，2011. 认同理论视角下新员工组织社会化的定义及结构维度 [J]. 心理科学进展 (5)：1671-1730.

杨继平，王兴超，2011. 道德推脱对大学生亲社会行为的影响：道德认同的调节作用 [C]. 中国心理学会成立90周年纪念大会暨第十四届全国心理学学术会议.

杨继平，王兴超，2011. 父母冲突与初中生攻击行为：道德推脱的中介作用 [J]. 心理发展与教育 (5)：498-505.

杨继平，王兴超，2012. 道德推脱对青少年攻击行为的影响：有调节的中介效应 [J]. 心理学报44 (8)：1075-1085.

杨继平，王兴超，2015. 德行领导与员工不道德行为、利他行为：道德推脱的中介作用 [J]. 心理科学 (3)：693-699.

杨继平，王兴超，高玲，2010. 道德推脱的概念、测量及相关变量 [J]. 心理科学进展 (4)：671-678.

尹俊，王辉，黄鸣鹏，2012. 授权赋能领导行为对员工内部人身份感知的影响：基于组织的自尊的调节作用 [J]. 心理学报 (10)：1371-1382.

占小军，2017. 职场不文明行为对服务破坏的影响：基于道德认知视角的解释 [J]. 当代财经 (7)：81-91.

张桂平，2016. 职场排斥对员工亲组织性非伦理行为的影响机制研究 [J]. 管理科学 (4)：104-114.

张永军，杜盛楠，王圣洁，2017. CEO 伦理型领导对群体反生产行为的影响：伦理文化与组织结构的作用 [J]. 人类工效学 (2)：30-37.

张永军，张鹏程，赵君，2017. 家长式领导对员工亲组织非伦理行为的影响：基于传统性的调节效应 [J]. 南开管理评论 (2)：169-179.

章发旺，廖建桥，2016. 伦理型领导与员工越轨行为：一个多层次的调节模型 [J]. 工业工程与管理 (3)：132-138.

赵红丹，周君，2017. 企业伪善、道德推脱与亲组织非伦理行为：有调节的中介效应 [J]. 外国经济与管理 (1)：15-28.

Allen D G, Shore L M, Griffeth R W, 2003. The role of perceived organizational support and supportive human resource practices in the turnover process [J]. Journal of management, 29 (1): 99-118.

Allen N J, Meyer J P, 1990. The measurement and antecedents of affective, continuance and normative commitment to the organization [J]. Journal of occupational psychology, 63 (1): 1-18.

Alzola M, 2012. The possibility of virtue [J]. Business ethics quarterly, 22: 377-404.

Aquino K, Freeman D, Reed A, et al., 2008. When morality matters: Moral identity and the self-regulation of behavior [J]. Paper under review.

Aquino K, Freeman D, Reed A, et al., 2009. Testing a social-cognitive model of moral behavior: The interactive influence of situations and moral identity centrality [J]. Journal of personality and social psychology, 97 (1): 123-141.

Aquino K, McFerran B, Laven M, 2011. Moral identity and the experience of moral elevation in response to acts of uncommon goodness [J]. Journal of personality and social psychology, 100 (4): 703-718.

Aquino K, Reed A, 2002. The self-importance of moral identity [J]. Journal of personality and social psychology, 83 (6): 1423-1440.

Ardichvili A, Mitchell J A, Jondle D, 2009. Characteristics of ethical business cultures [J]. Journal of business ethics, 85 (4): 445-451.

Armeli S, Eisenberger R, Fasolo P, et al., 1998. Perceived organizational support and police performance: The moderating influence of socioemocional needs [J]. Journal of applied psychology, 83 (2): 288-297.

Armstrong-Stassen M, Schlosser F, 2011. Perceived organizational membership and the retention of older workers [J]. Journal of organisational behavior, 32, 319-344.

Armstrong-Stassen M, Ursel N D, 2009. Perceived organizational support, career satisfaction, and the retention of older workers [J]. Journal of occupational and organizational psychology, 82 (1): 201-220.

Arnaud A, Schminke M, 2011. The ethical climate and context of organizations: A comprehensive model [J]. Organization science, 23 (6): 1767-1780.

Arshadi N, 2011. The relationships of perceived organizational support (POS) with organizational commitment, in-role performance, and turnover intention: Mediating role of felt obligation [J]. Procedia social and behavioral sciences, 30, 1103-1108.

Baker T L, Hunt T G, Andrews M C, 2006. Promoting ethical behavior and organizational citizenship behaviors: The influence of corporate ethical values [J]. Journal of business research, 59 (7): 849-857.

Banas J T, Parks J M, 2002. Lambs among lions? The impact of ethical ideology on negotiation behaviors and outcomes [J]. International negotiation, 7 (2): 235-260.

Bandura A, 1977. Social learning theory [M]. Englewood Cliffs, NJ: Prentice -Hall.

Bandura A, 1986. Social foundations of thought and action: A social cognitive theory [M]. Englewood Cliffs, NJ: Prentice-Hall.

Bandura A, 1990. Mechanisms of moral disengagement. In W. Reich (Ed.), Origins of terrorism: Psychologies, ideologies, theologies, and states of mind [M]. Cambridge, England: Cambridge University Press.

Bandura A, 1991. Social cognitive theory of self-regulation [J]. Organizational behavior and human decision processes, 50, 248-287.

Bandura A, 1999. Moral disengagement in the perpetration of inhumanities [J]. Personality and social psychology review, 3 (3): 193-209.

Bandura A, Barbaranelli C, Caprara G V, Pastorelli C, 1996. Mechanisms of moral disengagement in the exercise of moral agency [J]. Journal of personality and social psychology, 71 (2): 364-374.

Barclay L J, Whiteside D B, Aquino K, 2014. To avenge or not to avenge? Exploring the interactive effects of moral identity and the negative reciprocity norm [J]. Journal of business ethics, 121 (1): 15-28.

Barnett T, Bass K, Brown G, 1994. Ethical ideology and ethical judgment regarding ethical issues in business [J]. Journal of business ethics, 13, 469-480.

Baron R A, Zhao H, Miao Q, 2015. Personal motives, moral disengagement, and unethical decisions by entrepreneurs: Cognitive mechanisms on the "slippery slope" [J]. Journal of business ethics, 128 (1): 107-118.

Barsky A, 2011. Investigating the effects of moral disengagement and participation on unethical work behavior [J]. Journal of business ethics, 104 (1): 59-75.

Barsky A J, Islam G, Zyphur M J, 2006. Investigating the effects of moral disengagement and participation on unethical work behavior [J]. Ibmec working paper, wpe-14.

Bass K, Barnett T, Brown G, 1999. Individual difference variables, ethical judgments, and ethical behavioral intentions [J]. Business ethics quarterly, 9, 183-205.

Bauer D J, Preacher K J, Gil K M, 2006. Conceptualizing and testing random indirect effects and moderated mediation in multilevel models: New procedures and recommendations [J]. Psychological methods, 11 (2): 142-163.

Bergman R, 2004. Identity as motivation: Toward a theory of the moral self [M]. Mahwah, NJ: Erlbaum.

Blasi A, 1983. Moral cognition and moral action: A theoretical perspective [J]. Developmental review, 3: 178-210.

Blasi A, 1984. Moral identity: Its role in moral functioning [M]. New York: Wiley.

Bliese P D, 2000. Within-group agreement, non-independence, and reliability: Implications for data aggregation and analysis [M]. San Francisco, CA: Jossey-Bass.

Bhanthumnavin D, 2003. Perceived social support from supervisor and group members' psychological and situational characteristics as predictors of subordinate performance in Thai work units [J]. Human resource development quarterly, 14: 79-97.

Blau P M, 1964. Exchange and power in social life [M]. New York: Wiley.

Boardley I D, Kavussanu M, 2007. Development and validation of the moral disengagement in sport scale [J]. Journal of sport and exercise psychology, 29: 608-628.

Bolton L E, Reed A, 2004. Sticky priors: The perseverance of identity effects on judgment [J]. Journal of marketing research, 41 (4): 397-410.

Bonner J M, Greenbaum R L, Mayer D M, 2016. My boss is morally disengaged: The role of ethical leadership in explaining the interactive effect of supervisor and employee moral disengagement on employee behaviors [J]. Journal of business ethics, 137 (4): 731-742.

Boyle B A, 2000. The impact of customer characteristics and moral philosophies on ethical judgments of salespeople [J]. Journal of business ethics, 23 (3): 249-267.

Brief A P, Motowidlo S J, 1986. Prosocial organizational behaviors [J]. Academy of management review, 11 (4): 710-725.

Brown M E, Treviño L K, 2006. Ethical leadership: A review and future directions [J]. The leadership quarterly, 17 (6): 595-616.

Brown M E, Treviño L K, Harrison, D A, 2005. Ethical leadership: A social learning perspective for construct development and testing [J]. Organizational behavior and human decision processes, 97 (2): 117-134.

Brislin R W, 1986. The wording and translation of research instrument [M]. Beverly Hills: Sage.

Buonocore F, Metallo C, Salvatore D, 2009. Behavioural consequences of job insecurity and perceived insider status for contingent workers. In System Congress.

Castille C M, Buckner J E, Thoroughgood C N, 2016. Prosocial citizens without a moral compass? Examining the relationship between machiavellianism and unethical pro-organizational behavior [J]. Journal of business ethics, 1-12.

Chan D, 1998. Functional relations among constructs in the same content domain at different levels of analysis: A typology of composition models [J]. Journal of applied psychology, 83 (2): 234-246.

Chen G, Bliese P D, Mathieu J E, 2005. Conceptual framework and statistical procedures for delineating and testing multilevel theories of homology [J]. Organizational research methods, 8 (4): 375-409.

Chen M, Chen C C, Sheldon, O J, 2016. Relaxing moral reasoning to win: How organizational identification relates to unethical pro-organizational behavior [J]. Journal of applied psychology, 101 (8): 1082-1096.

Chen Z X, Aryee S, 2007. Delegation and employee work outcomes: An examination of the cultural context of mediating processes in China [J]. Academy of management journal, 50 (1): 226-238.

Chen Z X, Aryee S, Lee C, 2005. Test of a mediation model of perceived organizational support. Journal of vocational behavior, 66 (3): 457-470.

Chiu R, Erdener C, 2003. The ethics of peer reporting in Chinese societies: evidence from Hong Kong and Shanghai The ethics of peer reporting in Chinese societies: Evidence from Hong Kong and Shanghai [J]. International journal of human resource management, 14 (2): 335-353.

Christian J S, Ellis A P J, 2014. The crucial role of turnover intentions in transforming moral disengagement into deviant behavior at work [J]. Journal of business ethics, 119 (2): 193-208.

Church B, Gaa J C, Khalid, et al., 2005. Experimental evidence relating to the person-situation interactionist model of ethical decision making. Business ethics quarterly, 15, 363-383.

Claybourn M, 2011. Relationships between moral disengagement, work characteristics and workplace harassment [J]. Journal of business ethics, 100 (2): 283-301.

Clouse M, Giacalone R A, Olsen T D, et al., 2017. Individual ethical orientations and the perceived acceptability of questionable finance ethics decisions [J]. Journal of business ethics, 144 (3): 549-558.

Cohen J, 1983. The cost of dichotomization [J]. Applied psychological measurement, 7, 249-253.

Cropanzano R, Mitchell M S, 2005. Social exchange theory: An interdisciplinary review [J]. Journal of management, 31 (6): 874-900.

Cummings E M, Davies P, 1996. Emotional security as a regulatory process in normal development and the development of psychopathology [J]. Development and psychopathology, 8 (1): 123-139.

Dalton D, Radtke R R, 2013. The joint effects of machiavellianism and ethical environment on whistle-blowing [J]. Journal of business ethics, 117 (1): 153-172.

Damon W, Hart D, 1992. Self-understanding and its role in social and moral development [M]. Hillsdale, NJ, US: Lawrence Erlbaum Associates, Inc.

Davis M A, Andersen M G, Curtis M B, 2001. Measuring ethical ideology in business ethics: A critical analysis of the ethics position questionnaire [J]. Journal of business ethics, 32, 35-53.

DeBode J D, Armenakis A A, Feild H S, et al., 2013. Assessing ethical organizational culture: Refinement of a scale [J]. Journal of applied behavioral science, 49 (4): 460-484.

DeCelles K A, DeRue D S, Margolis J D, et al., 2012. Does power corrupt or enable? When and why power facilitates self-interested behavior [J]. Journal of applied psychology, 97 (3): 681-689.

DeConinck J B, 2010. The effect of organizational justice, perceived organizational support, and perceived supervisor support on marketing employees' level of trust

[J]. Journal of business research, 63 (12): 1349-1355.

Demerouti E, Bakker A B, Nachreiner F, et al., 2001. The job demands-resources model of burnout [J]. Journal of applied psychology, 86 (3): 499-512.

Detert J R, Treviño L K, Sweitzer V L, 2008. Moral disengagement in ethical decision making: A study of antecedents and outcomes [J]. Journal of applied psychology, 93 (2): 374-391.

Ding C G, Shen C K, 2017. Perceived organizational support, participation in decision making, and perceived insider status for contract workers [J]. Management decision, 55 (2): 413-426.

Donsbach J, Shanock L, 2008. Relationships between supervisor turnover intention and subordinate perceived organisational support and positive mood [J]. Psychologica belgica, 48: 2-3.

Duffy M K, Scott K L, Shaw J D, et al., 2012. A Social context model of envy and social undermining [J]. Academy of management journal, 55 (3): 643-666.

Effelsberg D, Solga M, Gurt J, 2014. Transformational leadership and follower's unethical behavior for the benefit of the company: A two-study investigation [J]. Journal of business ethics, 120: 81-93.

Eisenbeiss S A, Knippenberg D, Fahrbach C M, 2015. Doing well by doing good? Analyzing the relationship between CEO ethical leadership and firm performance [J]. Journal of business ethics, 128 (3): 635-651.

Eisenberger R, Armeli S, Rexwinkel B, et al., 2001. Reciprocation of perceived organizational support [J]. Journal of applied psychology, 86 (1): 42-51.

Eisenberger R, Cummings J, Armeli S, et al., 1997. Perceived organizational support, discretionary treatment, and job satisfaction [J]. Journal of applied psychology, 82 (5): 812-820.

Eisenberger R, Fasolo P, Davis-LaMastro V, 1990. Perceived organizational support and employee diligence, commitment, and innovation [J]. Journal of applied psychology, 75 (1): 51-59.

Eisenberger R, Huntington R, 1986. Perceived organizational support [J]. Journal of applied psychology, 71 (3): 500-507.

Falkenberg L, Herremans I, 1995. Ethical behaviours in organizations: Directed by the formal or informal systems? [J]. Journal of business ethics, 14 (2): 133-143.

Farh C I C, Chen Z, 2014. Beyond the individual victim: Multilevel consequences of abusive supervision in teams [J]. Journal of applied psychology, 99 (6): 1074-1095.

Farh J, Hackett R D, Liang J, 2007. Individual-level cultural values as moderators of perceived organizational support-employee outcome relationships in China: Comparing the effects of power distance and traditionality [J]. The academy of management journal, 50 (3): 715-729.

Felps W, Mitchell T R, Byington E, 2006. How, when, and why bad apples spoil the barrel: Negative group members and dysfunctional groups [J]. Research in organizational behavior, 27: 175-222.

Fernando M, Chowdhury R M M I, 2010. The relationship between spiritual well-being and ethical orientations in decision making: An empirical study with business executives in australia [J]. Journal of business ethics, 95 (2): 211-225.

Ferris D L, Brown D J, Berry J W, et al., 2008. The development and validation of the Workplace Ostracism Scale [J]. Journal of applied psychology, 93 (6): 1348-1366.

Fida R, Paciello M, Tramontano C, et al., 2015. An integrative approach to understanding counterproductive work behavior: The roles of stressors, negative emotions, and moral disengagement [J]. Journal of business ethics, 130 (1): 131-144.

Forsyth D R, 1980. A taxonomy of ethical ideologies [J]. Journal of personality and social psychology, 39 (1): 175-184.

Forsyth D R, 1992. Judging the morality of business practices: The influence of personal moral philosophies. Journal of busines ethics, 11: 461-470.

Forsyth D R, Boyle E H O, Mcdaniel M A, 2008. East meets West: A meta-analytic investigation of cultural variations in idealism and relativism [J]. Journal of busines ethics, 83: 813-833.

Forsyth D R, Nye J L, 1990. Personal moral philosophies and moral choice [J]. Journal of research in personality, 24 (4): 398-414.

Galperin B L, Bennett R J, Aquino K, 2011. Status differentiation and the protean self: A social-cognitive model of unethical behavior in organizations [J]. Journal of business ethics, 98 (3): 407-424.

Ghosh S K, 2017. The direct and interactive effects of job insecurity and job embeddedness on unethical pro‐organizational behavior [J]. Personnel review, 46 (6): 1182-1198.

Gino F, Ayal S, Ariely, D, 2009. Contagion and differentiation in unethical behavior: The effect of one bad apple on the barrel [J]. Psychological science, 20 (3): 393-398.

Gino F, Schweitzer M E, Mead N L, et al., 2011. Unable to resist temptation: How self‐control depletion promotes unethical behavior [J]. Organizational behavior and human decision processes, 115 (2): 191-203.

Glomb T M, Liao H, 2003. Interpersonal aggression in work groups: Social influence, reciprocal, and individual effects [J]. Academy of management journal, 46 (4): 486-496.

Gong Y, Kim T Y, Lee D R, et al., 2013. A multilevel model of team goal orientation, information exchange, and creativity [J]. Academy of management journal, 56 (3): 827-851.

Gouldner A W, 1960. The norm of reciprocity: A preliminary statement [J]. American sociological review, 25: 161-178.

Graham K A, Ziegert J C, Capitano J, 2015. The effect of leadership style, framing, and promotion regulatory focus on unethical pro‐organizational behavior [J]. Journal of business ethics, 126: 423-436.

Greenbaum R L, Mawritz M B, Mayer D M, et al., 2013. To act out, to withdraw, or to constructively resist? Employee reactions to supervisor abuse of customers and the moderating role of employee moral identity [J]. Human relations, 66 (7): 925-950.

Greenberg J, 2002. Who stole the money, and when? Individual and situational determinants of employee theft [J]. Organizational behavior and human decision processes, 89 (1): 985-1003.

Grover S L, Hui C, 1994. The influence of role conflict and self‐interest on lying in organizations [J]. Journal of business ethics, 13 (4): 295-303.

Hannah S T, Avolio B J, May D R, 2011. Moral maturation and moral conation: A capacity approach to explaining moral thought and action [J]. Academy of management review, 36 (4): 663-685.

Hardy S A, 2006. Identity, reasoning, and emotion: An empirical comparison of three sources of moral motivation [J]. Motivation and emotion, 30 (3): 207-215.

Hardy S A, Carlo G, 2005. Identity as a source of moral motivation [J]. Human development, 48 (4): 232-256.

Hardy S A, Bean D S, Olsen J A, 2015. Moral identity and adolescent prosocial and antisocial behaviors: Interactions with moral disengagement and self-regulation [J]. Journal of youth and adolescence, 44 (8): 1542-1554.

Hartikainen O, Torstila S, 2004. Job-related ethical judgment in the finance profession [J]. Journal of applied finance, 14 (1): 62-76.

Hastings S E, Finegan J E, 2011. The role of ethical ideology in reactions to injustice [J]. Journal of busines ethics, 100, 689-703.

Hertz S G, Krettenauer T, 2016. Does moral identity effectively predict moral behavior?: A meta-analysis [J]. Review of general psychology, 20 (2): 129-140.

Hobfoll S E, 1989. Conservation of resources: A new attempt at conceptualizing stress [J]. American psychologist, 44 (3): 513-524.

Hochwarter W A, Kacmar C, Perrewé P L, et al., 2003. Perceived organizational support as a mediator of the relationship between politics perceptions and work outcomes [J]. Journal of vocational behavior, 63 (3): 438-456.

Hoffman A J, 2000. Integrating environmental and social issues into corporate practice [J]. Environment: Science and Policy for Sustainable Development, 42: 22-33.

Hogg M A, Terry D J, White K M, 1995. A tale of two theories: A critical comparison of identity theory with social identity theory [J]. Social Psychology Quarterly, 58: 255-269.

Hollingworth D, Valentine S, 2015. The moderating effect of perceived organizational ethical context on employees' ethical issue recognition and ethical judgments [J]. Journal of business ethics, 128 (2): 457-466.

Hom P W, 1979. Effects of job peripherality and personal characteristics on the job satisfaction of part time workers. Academy of management journal, 22: 551-565.

Homans G C, 1958. Social behavior as exchange [J]. American journal of sociology, 63 (6): 597-606.

Horng J S, Tsai C Y, Hu D C, et al., 2016. The role of perceived insider status in employee creativity: Developing and testing a mediation and three-way interaction model [J]. Asia pacific journal of tourism research, 21: S53-S75.

Huang G hua, Wellman N, Ashford S J, et al., 2017. Deviance and exit: The organizational costs of job insecurity and moral disengagement [J]. Journal of applied psychology, 102 (1): 26-42.

Huang L, Paterson T A, 2017. Group ethical voice: Influence of ethical leadership and impact on ethical performance [J]. Journal of management, 43 (4): 1157-1184.

Huhtala M, Kaptein M, Feldt T, 2016. How perceived changes in the ethical culture of organizations influence the well-being of managers: A two-year longitudinal study [J]. European journal of work and organizational psychology, 25 (3): 335-352.

Hui C, Lee, Cynthia, et al., 2015. Organizational inducements and employee citizenship behavior: The mediationg role of perceived insider status and the moderating role of collectivism [J]. Human resource management, 54 (3): 439-456.

Hymel S, Rocke-Henderson N, Bonanno R A, 2005. Moral disengagement: A framework for understanding bullying among adolescents [J]. Journal of social science, 8: 1-11.

James L R, Demaree R G, Wolf G, 1984. Estimating within-group interrater reliability with and without response bias [J]. Journal of applied psychology, 69 (1): 85-98.

Jennings P L, Mitchell M S, Hannah S T, 2015. The moral self: A review and integration of the literature [J]. Journal of organizational behavior, 36 (S1): S104-S168.

Jeung C W, Yoon H J, Choi M, 2017. Exploring the affective mechanism linking perceived organizational support and knowledge sharing intention: a moderated mediation model [J]. Journal of knowledge management, 21 (4): 946-960.

Johnston M, Krettenauer T, 2011. Moral self and moral emotion expectancies as predictors of anti- and prosocial behaviour in adolescence: A case for mediation? [J]. European journal of developmental psychology, 8 (2): 228-243.

Jolliffe D, Farrington D P, 2006. Examining the relationship between low empathy and bullying [J]. Aggressive Behavior, 32 (6): 540-550.

Jones T M, 1991. Ethical decision making by individuals in organizations: An issue-contingent model [J]. Academy of management review, 16 (2): 366-395.

Joosten A, van Dijke M, Van Hiel A, et al., 2014. Being "in control" may make you lose control: The role of self-regulation in unethical leadership behavior. Journal of business ethics, 121 (1): 1-14.

Kalshoven K, van Dijk H, Boon C, 2016. Why and when does ethical leadership evoke unethical follower behavior? [J]. Journal of managerial psychology, 31 (2): 500-515.

Kaptein M, 2008. Developing and testing a measure for the ethical culture of organizations: the corporate ethical virtues model [J]. Journal of organisational behavior, 29: 923-947.

Kim Y, Choi Y, 2003. Ethical standards appear to change with age and ideology: A survey of practitioners [J]. Public Relations Review, 29: 79-89.

Kim T Y, Hon A H Y, Crant J M, 2009. Proactive personality, employee creativity, and newcomer outcomes: A longitudinal study [J]. Journal of business and psychology, 24 (1): 93-103.

Kiriakidis S P, 2007. Moral disengagement: relation to delinquency and independence from indices of social dysfunction [J]. International journal of offender therapy and comparative criminology, 52 (5): 571-583.

Kish-Gephart J J, Harrison D A, Treviño L K, 2010. Bad apples, bad cases, and bad barrels: Meta-analytic evidence about sources of unethical decisions at work [J]. Journal of applied psychology, 95 (1): 1-31.

Kish-Gephart J, Detert J, Treviño L K, et al., 2014. Situational moral disengagement: Can the effects of self-interest be mitigated? [J]. Journal of busines ethics, 125 (2): 267-285.

Knapp J R, Smith B R, Sprinkle T A, 2014. Clarifying the relational ties of organizational belonging: Understanding the roles of perceived insider status, psychological ownership, and organizational identification [J]. Journal of leadership and organizational studies, 21 (3): 273-285.

Konovsky M A, Pugh S D, 1994. Citizenship behavior and social exchange [J]. Academy of management journal, 37 (3): 656-669.

Kopelman R E, Brief A P, Guzzo R A, 1990. The role of climate and culture in productivity [M]. San Francisco: Jossey-Bass.

Kozlowski S W J, Klein K J, 2000. A multilevel approach to theory and research in organizations: Contextual, temporal, and emergent processes [M]. San Francisco, CA, US: Jossey-Bass.

Kozlowski S W J, Bell B S, 2003. Work groups and teams in organizations [M]. New Jersey: John Wiley & Sons, Inc.

Kraimer M L, Wayne S J, 2004. An examination of perceived organizational support as a multidimensional construct in the context of an expatriate assignment [J]. Journal of management, 30 (2): 209-237.

Kurtessis J N, Eisenberger R, Ford M T, et al., 2017. Perceived organizational support: A meta-analytic evaluation of organizational support theory [J]. Journal of management, 43 (6): 1854-1884.

Lapalme M, Stamper C L, Simard G, et al., 2009. Bringing the outside in: Can "external" workers experience insider status? [J]. Journal of organisational behavior, 30: 919-940.

Lapsley D K, Hill P L, 2009. The development of moral personality [M]. Cambridge, UK: Cambridge University Press.

Lee A, Schwarz G, Newman A, et al., 2017. Investigating when and why psychological entitlement predicts unethical pro-organizational behavior [J]. Journal of business ethics, 1-18.

Lee J, Peccei R, 2007. Perceived organizational support and affective commitment: the mediating role of organization-based self-esteem in the context of job insecurity [J]. Journal of organizational behavior, 28: 661-685.

Lee K Y, Kim E, Bhave D P, et al., 2016. Why victims of undermining at work become perpetrators of undermining: An integrative model [J]. Journal of applied psychology, 101 (6): 915-924.

Levinson H, 1965. Reciprocation: The relationship between man and organization [J]. Administrative science quarterly, 9: 370-390.

Li F, Chao M C, Chen N Y, et al., 2018. Moral judgment in a business setting: The role of managers' moral foundation, ideology, and level of moral development [J]. Asia pacific journal of management, 35, 121-143.

Liden R C, Sparrowe R T, Wayne S J, 1997. Leader-member exchange theory: The past and potential for the future [M]. US: Elsevier Science/JAI Press.

Liu D, Liao H, Loi R, 2012. The dark side of leadership: A three-level investigation of the cascading effect of abusive supervision on employee creativity [J]. Academy of Management Journal, 55 (5): 1187-1212.

Loi R, Hang-yue N, Foley S, 2006. Linking employees' justice perceptions to organizational commitment and intention to leave: The mediating role of perceived organizational support [J]. Journal of occupational and organizational psychology, 79 (1): 101-120.

Lu J G, Quoidbach J, Gino F, et al., 2017. The dark side of going abroad: How broad foreign experiences increase immoral behavior [J]. Journal of personality and social psychology, 112 (1): 1-16.

Mael F, Ashforth B E, 1992. Alumni and their alma mater: A partial test of the reformulated model of organizational identification [J]. Journal of organizational behavior, 13 (2): 103-123.

March J G, Simon H A, 1958. Organizations [M]. New Jersey: Wiley.

Markus H R, Kitayama S, 1991. Culture and the self: Implications for cognition, emotion, and motivation [J]. Psychological Review, 98 (2): 224-253.

Markus H, Kunda Z, 1986. Stability and malleability of the self-concept [J]. Journal of personality and social psychology, 51 (4): 858-866.

Marques P A, Azevedo-Pereira J, 2009. Ethical ideology and ethical judgments in the portuguese accounting profession [J]. Journal of business ethics, 86 (2): 227-242.

Martin S R, Kish-Gephart J J, Detert J R, 2014. Blind forces: Ethical infrastructures and moral disengagement in organizations [J]. Organizational psychology review, 4 (4): 295-325.

Maslach C, 1982. Burnout: The cost of caring [M]. Englewood Cliffs, NJ: Prentice Hall.

Masterson S S, Lewis K, Goldman B M, et al., 2000. Integrating justice and social exchange: The differing effects of fair procedures and treatment on work relationships [J]. Academy of management journal, 43 (4): 738-748.

Matherne C F, Litchfield S R, 2012. Investigating the relationship between affective commitment and unethical pro-organizational behaviors: The role of moral identity [J]. Journal of leadership, accountability and ethics, 9 (5): 35-46.

Mawritz M B, Mayer D M, Hoobler J M, et al., 2012. A trickle-down model of abusive supervision [J]. Personnel psychology, 65 (2): 325-357.

Mayer D M, Aquino K, Greenbaum R L, et al., 2012. Who displays ethical leadership, and why does it matter? An examination of antecedents and consequences of ethical leadership [J]. Academy of management journal, 55 (1): 151-171.

McAlister A L, 2001. Moral disengagement: Measurement and modification [J]. Journal of peace research, 38: 87-99.

McAlister A L, Bandura A, Owen S V, 2006. Mechanisms of moral disengagement in support of military force: The impact of Sept. 11 [J]. Journal of social and clinical psychology, 25 (2): 141-165.

McCall G J, Simmons J L, 1978. Identities and interactions: An examination of human associations in everyday life (Rev. ed.) [M]. New York: Free Press.

McMillan R, 1997. Customer satisfaction and organizational support for service providers [D]. Gainescille: University of Florida.

Miao Q, Newman A, Yu J, et al., 2013. The relationship between ethical leadership and unethical pro-organizational behavior: Linear or curvilinear effects? [J]. Journal of business ethics, 116: 641-653.

Mitchell M S, Vogel R M, Folger R, 2015. Third parties' reactions to the abusive supervision of coworkers [J]. Journal of applied psychology, 100 (4): 1040-1055.

Mo S, Wang Z, Akrivou K, et al., 2012. Look up, look around: Is there anything different about team-level OCB in China [J]. Journal of management and organization, 18 (6): 818-832.

Molinsky A, Margolis J, 2005. Necessary evils and interpersonal sensitivity in organizations [J]. Academy of management review, 30 (2): 245-268.

Moore C, Detert J R, Klebe Treviño L, et al., 2012. Why employees do bad things: Moral disengagement and unethical organizational behavior [J]. Personnel psychology, 65 (1): 1-48.

Moorman R H, Blakely G L, Niehoff B P, 1998. Does perceived organizational support mediate the relationship between procedural justice and organizational citizenship behavior? [J]. Academy of management journal, 41 (3): 351-357.

Morrison E W, 2006. Doing the job well: An investigation of pro-social rule breaking [J]. Journal of management, 32 (1): 5-28.

Muse L A, Stamper C L, 2007. Perceived organizational support: Evidence for a mediated association with work performance [J]. Journal of managerial issues, 19 (4): 517-535.

Nye J L, 1990. Personal moral philosophies and moral choice [J]. Journal of research in personality, 24: 398-414.

O'Fallon M J, Butterfield K D, 2012. The influence of unethical peer behavior on observers' unethical behavior: A social cognitive perspective [J]. Journal of business ethics, 109 (2): 117-131.

O'Fallon M J, Butterfield K D, 2011. Moral differentiation: exploring boundaries of the "monkey see, monkey do" perspective [J]. Journal of business ethics, 102 (3): 379-399.

O'Reilly J, Aquino K, Skarlicki D, 2016. The lives of others: Third parties' responses to others' injustice [J]. Journal of applied psychology, 101 (2): 171-189.

Ormiston M E, Wong E M, 2013. License to ill: The effects of corporate social responsibility and CEO moral identity on corporate social irresponsibility [J]. Personnel psychology, 66 (4): 861-893.

Osofsky M J, Bandura A, Zimbardo P G, 2005. The role of moral disengagement in the execution process [J]. Law and human behavior, 29 (4): 371-393.

Ouyang K, Lam W, Wang W, 2015. Roles of gender and identification on abusive supervision and proactive behavior [J]. Asia pacific journal of management, 32 (3): 671-691.

Paciello M, Fida R, Tramontano C, et al., 2008. Stability and change of moral disengagement and its impact on aggression and violence in late adolescence [J]. Child development, 79 (5): 1288-1309.

Palmer D, 2008. Extending the process model of collective corruption [J]. Research in organizational behavior, 28: 107-135.

Palmer N F, 2013. The effects of leader behavior on follower ethical behavior: Examining the mediating roles of ethical efficacy and moral disengagement [D]. Lincoln: University of Nebraska-Lincoln.

Panaccio A, Vandenberghe C, 2009. Perceived organizational support, organizational commitment and psychological well-being: A longitudinal study [J]. Journal of vocational behavior, 75 (2): 224-236.

Park H W, Thelwall M, Kluver R, 2005. Political hyperlinking in South Korea: Technical indicators of ideology and content [J]. Sociological research online, 10 (3): 1-13.

Pelton J, Gound M, Forehand R, et al., 2004. The Moral Disengagement Scale: Extension with an american minority sample [J]. Journal of psychopathology and behavioral assessment, 26 (1): 31-39.

Petitta L, Probst T M, Barbaranelli C, 2017. Safety culture, moral disengagement, and accident underreporting [J]. Journal of business ethics, 141 (3): 489-504.

Pfeffer J, Baron J N, 1988. Taking the workers back out: recent trends in the structuring of employment [M]. Greenwich JAI Press.

Podsakoff P M, MacKenzie S B, Lee J Y, et al., 2003. Common method biases in behavioral research: A critical review of the literature and recommended remedies [J]. Journal of applied psychology, 88: 879-903.

Rawwas M Y A, 1996. Consumer Ethics: An Empirical Investigation of the Ethical Beliefs of Austrian Consumers [J]. Journal of business ethics, 15: 1009-1019.

Rawwas M Y A, Vitell S J [J]. Al-Khatib J A, 1994. Consumer ethics: The possible effects of terrorism and civil unrest on the ethical values of consumers [J]. Journal of business ethics, 13 (3): 223-231.

Rawwas M Y A, Vitell S J, Al-Khatib J A, 1994. Consumer ethics: The possible effects of terrorism and civil unrest on the ethical values of consumers [J]. Journal of business ethics, 13 (3): 223-231.

Reed I I, Aquino K F, 2003. Moral identity and the expanding circle of moral regard toward out-groups [J]. Journal of personality and social psychology, 84 (6): 1270-1286.

Reed A, Aquino K, Levy E, 2007. Moral identity and judgments of charitable behaviors [J]. Journal of marketing, 71 (1): 178-193.

Reynolds S J, Ceranic T L, 2007. The effects of moral judgment and moral identity on moral behavior: An empirical examination of the moral individual [J]. Journal of applied psychology, 92 (6): 1610-1624.

Rhoades L, Eisenberger R, 2002. Perceived organizational support: A review of the literature [J]. Journal of applied psychology, 87 (4): 698-714.

Rhoades L, Eisenberger R, Armeli S, 2001. Affective commitment to the organization: The contribution of perceived organizational support [J]. Journal of applied psychology, 86 (5): 825-836.

Riivari E, Lämsä A M, 2014. Does it pay to be ethical? Examining the relationship between organisations' ethical culture and innovativeness [J]. Journal of business ethics, 124 (1): 1-17.

Robinson S L, Bennett R J, 1995. A typology of deviant workplace behaviors: A multidimensional scaling study [J]. Academy of management journal, 38 (2): 555 -572.

Robinson S L, O'Leary-Kelly A M, 1998. Monkey see, monkey do: The influence of work groups on the antisocial behavior of employees [J]. Academy of management journal, 41 (6): 658-672.

Ruiz-Palomino P, Martinez-Cañas, R, 2011. Supervisor role modeling, ethics -related organizational policies, and employee ethical intention: The moderating impact of moral ideology [J]. Journal of business ethics, 102 (4): 653-668.

Ruiz-Palomino P, Martínez-Cañas R, Fontrodona J, 2013. Ethical culture and employee outcomes: The mediating role of person-organization fit [J]. Journal of business ethics, 116 (1): 173-188.

Rupp D E, Shao R, Thornton M A, et al., 2013. Applicants and employees reactions to corporate social responsibility: The moderating effects of first-party justice perceptions and moral identity [J]. Personnel psychology, 66 (4): 895-933.

Sage L, Kavussanu M, Duda J, 2006. Goal orientations and moral identity as predictors of prosocial and antisocial functioning in male association football players [J]. Journal of sports sciences, 24 (5): 455-466.

Salancik G R, Pfeffer J, 1978. A social information processing approach to job attitudes and task design [J]. Administrative science quarterly, 23 (2): 224-253.

Samnani A K, Salamon S D, Singh P, 2014. Negative affect and counterproductive workplace behavior: The moderating role of moral disengagement and gender [J]. Journal of business ethics, 119 (2): 235-244.

Schaubroeck J M, Hannah S T, Avolio B J, et al., 2012. Embedding ethical leadership within and across organization levels [J]. Academy of management journal, 55 (5): 1053-1078.

Schaubroeck J M, Shen Y, Chong S, et al., 2016. A dual-stage moderated mediation model linking authoritarian leadership to follower outcomes [J]. Journal of applied psychology, 102 (2): 203-214.

Schein E H, 1985. Organizational culture and leadership (1st ed.) [M]. San Francisco: Jossey-Bass.

Schein E H, 2010. Organizational culture and leadership (4th ed.) [M]. Hoboken, NJ: Jossey-Bass.

Schlenker B R, Miller M L, Johnson R M, 2009. Moral identity, integrity, and personal responsibility. In D. Narvaez & D. Lapsley (Eds.), Personality, identity, and character: Explorations in moral psychology [M]. New York, NY: Cambridge University Press.

Schweitzer M E, Ordóñez L, Douma B, 2004. Goal setting as a motivator of unethical behavior [J]. Academy of management journal, 47 (3): 422-432.

Seers A, 1989. Team-member exchange quality: A new construct for role-making research [J]. Organizational behavior and human decision processes, 43 (1): 118-135.

Settoon R P, Bennett N, Liden R C, 1996. Social exchange in organizations: Perceived organizational support, leader-member exchange, and employee reciprocity [J]. Journal of applied psychology, 81 (3): 219-227.

Shao R, Aquino K, Freeman D, 2008. Beyond moral reasoning: A review of moral identity research and its implications for business ethics [J]. Business ethics quarterly, 18 (4): 513-540.

Shore L M, Shore T H, 1995. Perceived organizational support and organizational justice. In R. S. Cropanzano, K. M. Kacmar (Eds.), Organizational politics, justice, and support: Managing the social climate of the workplace [M]. London: Quorum Books.

Shore L M, Tetrick L E, 1991. A construct validity study of the Survey of Perceived Organizational Support [J]. Journal of applied psychology, 76 (5): 637-643.

Shore L M, Wayne S J, 1993. Commitment and employee behavior: Comparison of affective commitment andcontinuance commitment with perceived organizational support [J]. Journal of applied psychology, 78 (5): 774-780.

Skarlicki D P, van Jaarsveld D D, Shao R, et al., 2016. Extending the multifoci perspective: The role of supervisor justice and moral identity in the relationship between customer justice and customer-directed sabotage [J]. Journal of applied psychology, 101 (1): 108-121.

Skarlicki D P, Folger R, 1997. Retaliation in the workplace: The roles of distributive, procedural, and interactional justice [J]. Journal of applied psychology, 82 (3): 434-443.

Sluss D M, Klimchak M, Holmes J J, 2008. Perceived organizational support as a mediator between relational exchange and organizational identification [J]. Journal of vocational behavior, 73 (3): 457-464.

Sluss D M, Ashforth B E, 2007. Relational identity and identification: Defining ourselves through work relationships [J]. Academy of management review, 32 (1): 9-32.

South C R, Wood J, 2006. Bullying in prisons: the importance of perceived social status, prisonization, and moral disengagement [J]. Aggressive behavior, 32 (5): 490-501.

Sparks J R, 2015. A social cognitive explanation of situational and individual effects on moral sensitivity [J]. Journal of applied social psychology, 45 (1): 45-54.

Spector P E, Fox S, 2002. An emotion-centered model of voluntary work behavior: Some parallels between counterproductive work behavior and organizational citizenship behavior [J]. Human resource management review, 12 (2): 269-292.

Stamper C L, Johlke M C, 2003. The impact of perceived organizational support on the relationship between boundary spanner role stress and work outcomes [J]. Journal of management, 29 (4): 569-588.

Stamper C L, Dyne L Van, 2001. Work status and organizational citizenship behavior: a field study of restaurant employees. Journal of organizational behavior, 22 (5): 517-536.

Stamper C L, Masterson S S, 2002. Insider or outsider? How employee their work behavior [J]. Journal of organizational behavior, 23 (8): 875-894.

Stets J E, 2006. Identity theory and emotions. In Handbook of the sociology of emotions [M]. Boston, MA: Springer.

Stevens G W, Deuling J K, Armenakis A A, 2012. Successful psychopaths: Are they unethical decision-makers and why? [J]. Journal of business ethics, 105 (2): 139-149.

Stryker S, 1980. Symbolic interactionism: A social structural version [M]. Menlo Park, CA: Benjamin/Cummings.

Sui Y, Wang H, 2014. Relational evaluation, organization-based self-esteem, and performance: The moderating role of allocentrism [J]. Journal of leadership and organizational studies, 21 (1): 17-28.

Sulsky L M, Marcus J, MacDonald H A, 2016. Examining ethicality judgements of theft behavior: The role of moral relativism [J]. Journal of business and psychology, 31 (3): 383-398.

Svanberg J, Öhman P, 2016. Does ethical culture in audit firms support auditor objectivity? [J]. Accounting in Europe, 13 (1): 65-79.

Tajfel H, 1978. Social categorization, social identity and social comparison. In H. Tajfel (Ed.), Differentiation between social groups: Studies in the social psychology of intergroup relations [M]. London: Academic Press.

Tajfel H, Turner J C, 1986. The social identity theory of intergroup behavior. In S. Worchel & W. G. Austin (Eds.), Psychology of inter-group relations [M]. Chicago, IL: Nelson-Hall.

Terpstra D E, Rozell E J, Robinson R K, 1993. The influence of personality and demographic variables on ethical decisions related to insider trading [J]. The Journal of psychology, 127 (4): 375-389.

Thau S, Aquino K, Poortvliet P M, 2007. Self-defeating behaviors in organizations: The relationship between thwarted belonging and interpersonal work behaviors [J]. Journal of applied psychology, 92 (3): 840-847.

Thoits P, Virshup L, 1997. Me's and we's: Forms and functions of social identities. In R. D. Ashmore & L. Jussim (Eds.), Self and identity: Fundamental issues [M]. New York: Oxford University Press.

Tian Q, Peterson D K, 2016. The effects of ethical pressure and power distance orientation on unethical pro-organizational behavior: The case of earnings management [J]. Business ethics, 25 (2): 159-171.

Tillman C, 2011. Character, conditions, and cognitions: The role of personality, climate, intensity, and moral disengagement in the unethical decision-making process [D]. uscaloosa: University of Alabama.

Treviño L K, 1986. Ethical decision making in organizations: A person-situation interactionist model [J]. Academy of management review, 11: 601-617.

Treviño L K, 1990. A cultural perspective on changing and developing organizational ethics [J]. Research in organizational change and Development, 4: 195-230.

Treviño L K, Butterfield K D, McCabe D L, 1998. The ethical context in organizations: Influences on employee attitudes and behaviors [J]. Business ethics quarterly, 8 (3): 447-476.

Treviño L K, Weaver G R, Reynolds S J, 2006. Behavioral ethics in organizations: A review [J]. Journal of management, 32 (6): 951-990.

Treviño L K, Youngblood S A, 1990. Bad apples in bad barrels: A causal analysis of ethical decision-making behavior [J]. Journal of applied psychology, 75 (4): 378-385.

Tucker S, Chmiel N, Turner N, et al., 2008. Perceived organizational support for safety and employee safety voice: The mediating role of coworker support for safety [J]. Journal of occupational health psychology, 13 (4): 319-330.

Turner J C, Hogg M A, Oakes P J, et al., 1987. Rediscovering the social group: A self-categorization [M]. Oxford, UK: Blackwell.

Umphress E E, Bingham J B, Mitchell M S, 2010. Unethical behavior in the name of the company: The moderating effect of organizational identification and positive reciprocity beliefs on unethical pro-organizational behavior [J]. Journal of applied psychology, 95 (4): 769-780.

Umphress E E, Bingham J B, 2011. When employees do bad things for good reasons: Examining unethical pro-organizational behaviors [J]. Organization science, 22 (3): 621-640.

Vadera A K, Pratt M G, Mishra P, 2013. Constructive deviance in organizations: Integrating and moving forward [J]. Journal of management, 39 (5): 1221-1276.

Valentine S R, Bateman C. R, 2011. The impact of ethical ideologies, moral intensity, and social context on sales-based ethical reasoning [J]. Journal of business ethics, 102 (1): 155-168.

Valentine S, Greller M M, Richtermeyer S B, 2006. Employee job response as a function of ethical context and perceived organization support [J]. Journal of business research, 59 (5): 582-588.

Vitell S J, Keith M, Mathur M, 2011. Antecedents to the Justification of norm violating behavior among business practitioners [J]. Journal of business ethics, 101 (1): 163-173.

Vitell S J, Lumpkin J R, Rawwas M Y A, 1991. Consumer ethics: An investigation of the ethical beliefs of elderly consumers [J]. Journal of business ethics, 10 (5): 365-375.

Wagner T, Lutz R J, Weitz B A, 2009. Corporate hypocrisy: Overcoming the threat of inconsistent corporate social responsibility perceptions [J]. Journal of marketing, 73 (6): 77-91.

Walker L J, 2004. Gus in the gap: Bridging the judgment-action gap in moral functioning [M]. Mahwah, NJ: Erlbaum.

Wang H, Feng J, Prevellie P, Wu K, 2017. Why do I contribute when I am an "insider"? A moderated mediation approach to perceived insider status and employee innovative behavior [J]. Journal of organizational change management, 30 (7): 1184-1197.

Wang J, Kim T Y, 2013. Proactive socialization behavior in China: The mediating role of perceived insider status and the moderating role of supervisors' traditionality [J]. Journal of organisational behavior, 34: 389-406.

Wayne S J, Shore L M, Bommer W H, et al., 2002. The role of fair treatment and rewards in perceptions of organizational support and leader-member exchange [J]. Journal of applied psychology, 87 (3): 590-598.

Wayne S J, Shore L M, Liden R C, 1997. Perceived organizational support and leader-member exchange: A social exchange perspective [J]. Academy of management journal, 40 (1): 82-111.

Welsh D, Ordonez L, Snyder D G, et al., 2013. The cumulative effect of minor transgressions on major ones: A self-regulatory approach [J]. Academy of management proceedings, 2013 (1): 11319-11319.

Winter S J, Stylianou A C, Giacalone R A, 2004. Individual differences in the acceptability of unethical information technology practices: The case of Machiavellianism and ethical ideology [J]. Journal of business ethics, 54 (3): 273-301.

Winterich K P, Aquino K, Mittal V, et al., 2013. When moral identity symbolization motivates prosocial behavior: The role of recognition and moral identity internalization [J]. Journal of applied psychology, 98 (5): 759-770.

Wu L-Z, Kwan H K, Yim F H, et al., 2015. CEO ethical leadership and corporate social responsibility: A moderated mediation model [J]. Journal of business ethics, 130 (4): 819-831.

Yang J, Mossholder K W, Peng T K, 2007. Procedural justice climate and group power distance: An examination of cross-level interaction effects [J]. Journal of applied psychology, 92 (3): 681-692.

Yu C, Frenkel S J, 2013. Explaining task performance and creativity from perceived organizational support theory: Which mechanisms are more important? [J]. Journal of organizational behavior, 34: 1165-1181.

Zhang J, Chiu R, Wei L, 2009. On whistleblowing judgment and intention [J]. Journal of managerial psychology, 24 (7): 627-649.

Zhao H, Kessel M, Kratzer J, 2014. Supervisor-subordinate relationship, differentiation, and employee creativity: A self-categorization perspective [J]. Journal of creative behavior, 48 (3): 165-184.

Zhong L, Wayne S J, Liden R C, 2016. Job engagement, perceived organizational support, high-performance human resource practices, and cultural value orientations: A cross-level investigation [J]. Journal of organizational behavior, 37: 823 -844.

Zhu W, Avolio B J, Riggio R E, et al., 2011. The effect of authentic transformational leadership on follower and group ethics [J]. The leadership quarterly, 22 (5): 801-817.

Zhu W, Treviño L K, Zheng, X, 2016. Ethical leaders and their followers: The transmission of moral identity and moral attentiveness [J]. Business ethics quarterly, 26 (1): 95-115.

附　录

附录1　第一阶段个体员工调查问卷

尊敬的先生/女士：

您好！感谢您抽出宝贵的时间参与本次问卷调研。

本次调研由中国人民大学商学院的研究人员设计，目的在于了解企业员工个人职场生活状况，将包括员工在工作场所的行为、态度、感受以及与领导、同事的互动等问题。您的参与对我们的研究非常重要。

此次调研采用**匿名填写**的方式，**您所填写的内容不会被您本人以外的人或者公司知道，仅作为学术研究之用。**因此，请您在阅读问卷说明和题目后，按照您的直觉选择您觉得最合适的答案。所有问题只是了解您的个人观点和经历，并没有对错之分。填写完毕后，请将问卷装入信封、封好，交还给我们的研究人员。本课题组向您承诺，我们会对您所填答的问卷进行严格保密，问卷收集后会将数据输入电脑进行整体分析，研究报告只有总体数据，不包含任何个人资料及数据，请放心如实填答。

衷心感谢您的参与！

第一部分

以下是关于<u>您自己工作中行为和感受</u>的一些陈述。请仔细阅读以下陈述，勾选出最能准确描述您自己的选项。答案没有对错之分，根据您的真实感受做出选择即可。

附表1

您多大程度认同以下有关您自己的陈述？	非常不同意	不同意	有点不同意	有点同意	同意	很同意	非常同意
我所在的单位确实很顾及到我的福利	1	2	3	4	5	6	7
我所在的单位很关心我的个人目标和价值实现	1	2	3	4	5	6	7

您多大程度认同以下有关您自己的陈述?	非常不同意	不同意	有点不同意	有点同意	同意	很同意	非常同意
我所在的单位很重视我做出的贡献	1	2	3	4	5	6	7
我所在的单位很重视我提出的观点或意见	1	2	3	4	5	6	7
当我有困难时,我所在的单位会帮助我	1	2	3	4	5	6	7
总的来说,我所在的单位对我的支持很大	1	2	3	4	5	6	7

第二部分

以下是用于描述个人特质的词语:

关心他人;有同情心;公平;友好;慷慨;乐于助人;勤奋;诚实;善良。

此刻,请在您脑海里想象一下拥有这些特质的人,这个人可以是您自己或者是其他人,请想象一下这样的人会如何思考和行事。当您对这样的人有一个清晰的画面时,请回答以下问题:

附表 2

您多大程度认同以下陈述?	非常不同意	不同意	有点不同意	有点同意	同意	很同意	非常同意
如果我能成为一个拥有这些特征/品质的人,我会感到很高兴	1	2	3	4	5	6	7
成为一个拥有这些特征的人,是我的一个核心理念	1	2	3	4	5	6	7
如果成为一个拥有这些特征的人,我会感到羞愧	1	2	3	4	5	6	7
拥有这些特征对我来说不重要	1	2	3	4	5	6	7
我非常渴望拥有这些特征	1	2	3	4	5	6	7

问卷到此结束 ☺
非常感谢您在百忙之中参与我们的调查
祝您工作顺利,家庭幸福!

附录2 第二阶段个体员工调查问卷

尊敬的先生/女士：

您好！感谢您抽出宝贵的时间参与本次问卷调研！

本次调研由中国人民大学商学院的研究人员所设计，目的在于了解企业员工个人职场生活状况，将包括员工在工作场所的行为、态度、感受以及与领导、同事的互动等问题。您的参与对我们的研究非常重要。

此次调研采用**匿名填写**的方式，**您所填写的内容不会被您本人以外的人或者公司知道，仅作为学术研究之用。**因此，请您在阅读问卷说明和题目后，按照您的直觉选择您觉得最合适的答案。所有问题只是了解您的个人观点和经历，并没有对错之分。填写完毕后，请将问卷装入信封、封好，交还给我们的研究人员。本课题组向您承诺，我们会对您所填答的问卷进行严格保密，问卷收集后会将数据输入电脑进行整体分析，研究报告只有总体数据，不包含任何个人资料及数据，请放心如实填答。

衷心感谢您的参与！

第一部分

以下是关于您的个人背景信息，请于适当的方格中填上"√"号或在空格上填上适当的资料。

附表3

1. 您的性别是→	□男	□女	
2. 您的年龄是→	□25 岁或以下	□26~29 岁	□30~34 岁
	□35~39 岁	□40~44 岁	□45~49 岁
	□50~54 岁	□55~59 岁	□60 岁或以上
3. 您的学历是→	□初中或以下	□高中或相当程度	□大专
	□本科	□研究生	
4. 您在这家公司已经工作→	□1 年以下	□1~3 年	□4~6 年
	□7~9 年	□10~12 年	□12 年以上

第二部分

以下是关于您自己工作中行为和感受的一些陈述。请仔细阅读以下陈述，勾选出最能准确描述您自己的选项。答案没有对错之分，根据您的真实感受做出选择即可。

附表4

您多大程度认同以下有关您自己的陈述？	非常不同意	不同意	有点不同意	有点同意	同意	很同意	非常同意
1. 为了保护我所在的公司，撒谎是没关系的	1	2	3	4	5	6	7
2. 掩饰事实来保护我所在的公司是可以接受的	1	2	3	4	5	6	7
3. 考虑到行业内不正当竞争这么普遍，采取一些手段来保护公司也是可以的	1	2	3	4	5	6	7
4. 如果人们打破规则的行为是领导教他们做的，那么不该责怪他们	1	2	3	4	5	6	7
5. 如果周围的人都认为说谎是应对当前情况的最好办法，那么就可以说谎	1	2	3	4	5	6	7
6. 因为没有伤害任何人，所以偶尔说谎是没关系的	1	2	3	4	5	6	7
7. 如果公司以外的人的利益受到了损害，那也是因为他们没有采取足够的措施来自我保护	1	2	3	4	5	6	7
8. 公司以外的人跟我没什么关系，所以不用一直对他们诚实	1	2	3	4	5	6	7

附表5

您多大程度认同以下有关您自己的陈述？	非常不同意	不同意	有点不同意	有点同意	同意	很同意	非常同意
我所在公司让我感觉到我是属于这个公司的	1	2	3	4	5	6	7
我感觉我是公司中很重要的一员	1	2	3	4	5	6	7

您多大程度认同以下有关您自己的陈述?	非常不同意	不同意	有点不同意	有点同意	同意	很同意	非常同意
我觉得我在这个公司中是"自己人/内部人"	1	2	3	4	5	6	7
出于公司利益考虑,我会隐瞒事实以使公司看起来更好	1	2	3	4	5	6	7
出于公司利益考虑,我会在他人面前夸大我们公司的产品和服务	1	2	3	4	5	6	7
出于公司利益考虑,我会向他人隐瞒关于我们公司或产品的负面信息	1	2	3	4	5	6	7
如果有必要,我会拖延向公司的供应商支付货款	1	2	3	4	5	6	7
如果有必要,我会向外界隐瞒有损公司形象的信息	1	2	3	4	5	6	7
如果有必要,我会把表现不好的员工大力推荐到其他地方,这样他就会成为别人的麻烦而不是我们的麻烦	1	2	3	4	5	6	7

问卷到此结束 ☺
非常感谢您在百忙之中参与我们的调查
祝您工作顺利,家庭幸福!

附录3 第一阶段团队成员调查问卷

尊敬的先生/女士：

您好！感谢您抽出宝贵的时间参与本次问卷调研。

本次调研由中国人民大学商学院的研究人员所设计，目的在于了解企业员工个人职场生活状况，将包括员工在工作场所的行为、态度、感受以及与领导、同事的互动等问题。您的参与对我们的研究非常重要。

此次调研采用**匿名填写**的方式，**您所填写的内容不会被您本人以外的人或者公司知道，仅作为学术研究之用**。因此，请您在阅读问卷说明和题目后，按照您的直觉选择您觉得最合适的答案。所有问题只是了解您的个人观点和经历，并没有对错之分。填写完毕后，请将问卷装入信封、封好，交还给我们的研究人员。本课题组向您承诺，我们会对您所填答的问卷进行严格保密，问卷收集后会将数据输入电脑进行整体分析，研究报告只有总体数据，不包含任何个人资料及数据，请放心如实填答。

衷心感谢您的参与！

第一部分

以下问题是关于<u>您直接领导（班长）</u>的陈述。请仔细阅读以下陈述，勾选出您认为最符合实际情况的选项。答案没有对错之分，根据您的真实感受做出选择即可。

附表6

您多大程度认同以下有关您直接领导的陈述？	非常不同意	不同意	有点不同意	有点同意	同意	很同意	非常同意
出于公司利益考虑，我的领导会隐瞒事实以使公司看起来更好	1	2	3	4	5	6	7
出于公司利益考虑，我的领导会在他人面前夸大我们公司的产品和服务质量	1	2	3	4	5	6	7
出于公司利益考虑，我的领导会向他人隐瞒关于我们公司或产品的负面信息	1	2	3	4	5	6	7

您多大程度认同以下有关您直接领导的陈述?	非常不同意	不同意	有点不同意	有点同意	同意	很同意	非常同意
如果有必要,我的领导会拖延向公司的供应商支付货款	1	2	3	4	5	6	7
如果有必要,我的领导会向外界隐瞒有损公司形象的信息	1	2	3	4	5	6	7
如果有必要,我的领导会把表现不好的员工大力推荐到其他地方,这样他就会成为别人的麻烦而不是我们的麻烦	1	2	3	4	5	6	7

第二部分

以下是关于<u>您所在团队(班组)</u>的陈述。请仔细阅读以下陈述,勾选出您认为最符合实际情况的选项。答案没有对错之分,根据您的真实感受做出选择即可。

附表 7

您多大程度认同以下有关您所在团队(班组)的陈述?	非常不同意	不同意	有点不同意	有点同意	同意	很同意	非常同意
在我们班组中,若有人做出不道德行为会受到惩罚	1	2	3	4	5	6	7
在我们班组中,有人即使违反了道德规范也会得到奖励和表扬	1	2	3	4	5	6	7
在我们班组中,不道德行为是被严令禁止的	1	2	3	4	5	6	7
在我们班组中,正直、诚实的人才会得到奖励和表扬	1	2	3	4	5	6	7
在我们班组中,道德规范只是"摆设"而已	1	2	3	4	5	6	7
在我们班组中,领导经常强调要遵守道德规范	1	2	3	4	5	6	7

您多大程度认同以下有关您所在团队（班组）的陈述？	非常不同意	不同意	有点不同意	有点同意	同意	很同意	非常同意
在我们班组中，领导经常做一些我认为是不道德的行为	1	2	3	4	5	6	7
在我们班组中，领导的决策都是遵循道德规范的	1	2	3	4	5	6	7
在我们班组中，道德规范不过是"面子工程"	1	2	3	4	5	6	7
在我们班组中，存在着不符合道德规范的"潜规则"	1	2	3	4	5	6	7

第三部分

以下是关于您自己工作中行为和感受的一些陈述。请仔细阅读以下陈述，勾选出最能准确描述您自己的选项。答案没有对错之分，根据您的真实感受做出选择即可。

附表 8

您多大程度认同以下有关您自己的陈述？	非常不同意	不同意	有点不同意	有点同意	同意	很同意	非常同意
为了保护我所在的单位，撒谎是没关系的	1	2	3	4	5	6	7
掩饰事实来保护我所在的单位是可以接受的	1	2	3	4	5	6	7
考虑到行业内不正当竞争这么普遍，采取一些手段来保护公司也是可以的	1	2	3	4	5	6	7
如果人们打破规则的行为是领导教他们做的，那么不该责怪他们	1	2	3	4	5	6	7
如果周围的人都认为说谎是应对当前情况的最好办法，那么就可以说谎	1	2	3	4	5	6	7
因为没有伤害任何人，所以偶尔说谎是没关系的	1	2	3	4	5	6	7

您多大程度认同以下有关您自己的陈述？	非常不同意	不同意	有点不同意	有点同意	同意	很同意	非常同意
如果单位以外的人的利益受到了损害，那也是因为他们没有采取足够的措施来自我保护	1	2	3	4	5	6	7
单位以外的人跟我没什么关系，所以不用一直对他们诚实	1	2	3	4	5	6	7
没有什么道德准则是可以放之四海而皆准的	1	2	3	4	5	6	7
不同社会和环境下的道德标准是不同的	1	2	3	4	5	6	7
道德标准存在个人差异，一个人认为是道德的行为其他人可能会认为是不道德的	1	2	3	4	5	6	7
不能比较不同类型道德体系的谁是谁非	1	2	3	4	5	6	7
没有一个普适的道德标准，因为每个人对道德的判断是不同的	1	2	3	4	5	6	7
道德标准只是个人的准则，可以用来规范个人行为，但不能用来判断他人的行为	1	2	3	4	5	6	7
人际关系中的道德伦理问题非常复杂，所以应该允许每个人形成自己的伦理标准	1	2	3	4	5	6	7
那些用来阻止某些行为的严格的道德规范可能会妨碍人际关系的发展	1	2	3	4	5	6	7
不可能制定出一条有关谎言的规范，一个谎言是否被允许完全取决于当时的情况	1	2	3	4	5	6	7
谎言被认为是道德或不道德的要看当时发生的环境	1	2	3	4	5	6	7

附表9

您多大程度认同以下有关您自己的陈述?	非常不同意	不同意	有点不同意	有点同意	同意	很同意	非常同意
出于公司利益考虑，我会隐瞒事实以使公司看起来更好	1	2	3	4	5	6	7
出于公司利益考虑，我会在他人面前夸大我们公司的产品和服务	1	2	3	4	5	6	7
出于公司利益考虑，我会向他人隐瞒关于我们公司或产品的负面信息	1	2	3	4	5	6	7
如果有必要，我会拖延向公司的供应商支付货款	1	2	3	4	5	6	7
如果有必要，我会向外界隐瞒有损公司形象的信息	1	2	3	4	5	6	7
如果有必要，我会把表现不好的员工大力推荐到其他地方，这样他就会成为别人的麻烦而不是我们的麻烦	1	2	3	4	5	6	7

问卷到此结束 ☺

非常感谢您在百忙之中参与我们的调查

祝您工作顺利，家庭幸福！

附录4 第二阶段团队成员调查问卷

尊敬的先生/女士：

您好！感谢您抽出宝贵的时间参与本次问卷调研。

本次调研由中国人民大学商学院的研究人员所设计，目的在于了解企业员工个人职场生活状况，将包括员工在工作场所的行为、态度、感受以及与领导、同事的互动等问题。您的参与对我们的研究非常重要。

此次调研采用**匿名填写**的方式，**您所填写的内容不会被您本人以外的人或者公司知道，仅作为学术研究之用。**因此，请您在阅读问卷说明和题目后，按照您的直觉选择您觉得最合适的答案。所有问题只是了解您的个人观点和经历，并没有对错之分。填写完毕后，请将问卷装入信封、封好，交还给我们的研究人员。本课题组向您承诺，我们会对您所填答的问卷进行严格保密，问卷收集后会将数据输入电脑进行整体分析，研究报告只有总体数据，不包含任何个人资料及数据，请放心如实填答。

衷心感谢您的参与！

第一部分

以下是关于您的个人背景信息，请于适当的方格中填上"√"号或在空格上填上适当的资料。

附表 10

1. 您的性别是→	□男	□女	
2. 您的年龄是→	□25 岁或以下	□26～29 岁	□30～34 岁
	□35～39 岁	□40～44 岁	□45～49 岁
	□50～54 岁	□55～59 岁	□60 岁或以上
3. 您的学历是→	□初中或以下	□高中或相当程度	□大专
	□本科	□研究生	
4. 您在这家公司已经工作→	□1 年以下	□1～3 年	□4～6 年
	□7～9 年	□10～12 年	□12 年以上

第二部分

以下是关于您自己工作中行为和感受的一些陈述。请仔细阅读以下陈述，勾选出最能准确描述您自己的选项。答案没有对错之分，根据您的真实感受做出选择即可。

附表 11

您多大程度认同以下有关您自己的陈述？	非常不同意	不同意	有点不同意	有点同意	同意	很同意	非常同意
出于公司利益考虑，我会隐瞒事实以使公司看起来更好	1	2	3	4	5	6	7
出于公司利益考虑，我会在他人面前夸大我们公司的产品和服务	1	2	3	4	5	6	7
出于公司利益考虑，我会向他人隐瞒关于我们公司或产品的负面信息	1	2	3	4	5	6	7
如果有必要，我会拖延向公司的供应商支付货款	1	2	3	4	5	6	7
如果有必要，我会向外界隐瞒有损公司形象的信息	1	2	3	4	5	6	7
如果有必要，我会把表现不好的员工大力推荐到其他地方，这样他就会成为别人的麻烦而不是我们的麻烦	1	2	3	4	5	6	7

问卷到此结束 ☺
非常感谢您在百忙之中参与我们的调查
祝您工作顺利，家庭幸福！